国家出版基金项目
NATIONAL PUBLICATION FOUNDATION

“十二五”国家重点出版物出版规划项目

走向世界丛书

主编　钟叔河　曾德明　杨云辉

FROM EAST TO WEST

缪荃孙 日游汇编
王景禧 日游笔记
双　寿 东瀛小识

赖某深　校点

岳麓书社·长沙

日遊彙編
柳詒徵著

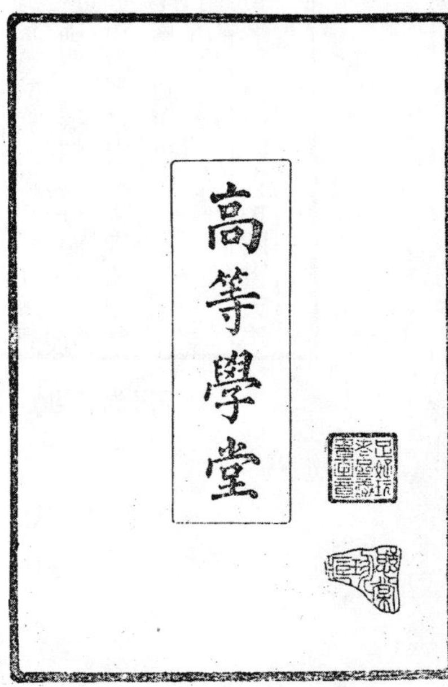
高等學堂

日游汇编书影

日本考察學務游記

光緒癸卯正月，江南高等學堂總教習江陰繆小珊（荃孫）、提調南陵徐積餘（乃昌）奉署兩江總督張公咨赴日本考察學校。初十日，自江甯赴滬。分教習侯官孫孝鷫（翁）、王光宇（艮英），江陰張小樓（楠），譯書局分纂丹徒柳翼謀（詒徵），中學堂教習江甯侯健伯（異），小學堂教習懷甯舒伯琴（廣元）同行。幷挈一僕、一廚匠、一庖人，共十一人。

十七日癸酉，晴。趁日本西京丸行。日本郵船株式會社船也。午正展輪出吳淞口，由茶山向正東行。日本船窗戶虛明，几榻精潔，分頭等、二等、三等客位。旅人姓名必書艙面，兼載明開往何處，謂之出帆報告。又每食必陳一紙几上，謂之獻立，書獻立者，猶中國云食單也。

十八日甲戌，晴。無風平甚。亥刻，南面有山，見塔燈。

十九日乙亥，晴。晨抵長崎。山水雄傑，有類香港，四圍青綠，圖畫天然

日游汇编之游记首页

日本訪書記

日本東京書籍鋪最多專售舊本書者以下谷區仲之池町琳琅閣爲最
余與積餘兩次往訪得舊鈔本續資治通鑑明弘治本黃山谷全集洪武
本理學類傳活字本五百家注昌黎集又有高麗本草堂詩箋字迹極雅
惜有缺佚議價未成積餘得後村千家詩選宋本亦缺十卷　淺倉文淵
堂在淺草區購得明萬厤本翰墨大全廿六册繼又得舊鈔醫書十餘種
皆小田氏一家所藏鈔校皆精淺倉前最有名近稍衰　文求堂在本鄉
區曾三訪之得元至大本中州集舊鈔本楊誠齋集一百卅三卷每卷後
有嘉定元年春三月男長孺編次端平元年夏五月門人羅端良校正與
楊星吾同年訪書記合詩文俱完並非僅刻詩集也又得活字本左傳杜
注明刻本古今游名山記梅鼎祚樂苑　西京文求堂在寺町通（與東京文求堂一家）
得日本古金石五册磚瓦搨本一册　竹苞樓亦在寺町通得尙書宋

日游汇编之访书记首页

公立師範學校表

道府縣	名稱	公立之區別	位置	創立年	學科	修業年限	級數	教員男	教員女	教員計	生徒男	生徒女	生徒計	卒業者男	卒業者女	卒業者計	經費總額
北海道	北海道師範學校	廳立	石狩國札幌區南一條西十七丁目	明治廿九年	本科 簡易科 教員講習科	[illegible]	[illegible]	一〇	二	一二	[illegible]	[illegible]	[illegible]	[illegible]	[illegible]	[illegible]	六三〇三七
東京	東京府師範學校	府立	東京市赤坂區青山北町五丁目	同八年	本科 豫備科 教員講習科	四年 二年 一年	[illegible]	一三	[illegible]	一三	[illegible]	[illegible]	[illegible]	[illegible]	[illegible]	[illegible]	[illegible]二七四
東京	東京府女子師範學校	府立	東京市小石川區竹早町	同三十三年	本科	三年	[illegible]	四	六	一〇	[illegible]	[illegible]	[illegible]	[illegible]	[illegible]	[illegible]	[illegible]七三三八
西京	西京府師範學校	府立	山城國愛宕郡上賀茂村	同九年	本科 簡易科 教員講習科	[illegible]	[illegible]	一〇	二	一二	[illegible]	[illegible]	[illegible]	[illegible]	[illegible]	[illegible]	八四〇[illegible]六
大阪	大阪府師範學校	府立	攝津國大阪市北區[illegible]	同七年	本科 教員講習科	四年 [illegible]	[illegible]	一九	[illegible]	一九	[illegible]	[illegible]	[illegible]	[illegible]	[illegible]	[illegible]	三九〇六三
大阪	大阪府女子師範學校	府立	攝津國大阪市南區天王寺北山町	同三十三年	本科	三年	[illegible]	[illegible]	[illegible]	一六	[illegible]	[illegible]	[illegible]	[illegible]	[illegible]	[illegible]	三二一〇八
神奈川	神奈川縣師範學校	縣立	相模國鎌倉郡鎌倉町	同九年	本科 教員講習科	四年 [illegible]	[illegible]	一三	[illegible]	一三	[illegible]	[illegible]	[illegible]	[illegible]	[illegible]	[illegible]	四二五八七
兵庫	兵庫縣第一師範學校	縣立	攝津國武庫郡御影町	同十年	本科 教員講習科	四年 [illegible]	[illegible]	一八	一	一九	[illegible]	[illegible]	[illegible]	[illegible]	[illegible]	[illegible]	八五六四三
長崎	長崎縣師範學校	縣立	肥前國長崎市馬場	同七年	本科 教員講習科	[illegible]	[illegible]	一四	二	一六	[illegible]	[illegible]	[illegible]	[illegible]	[illegible]	[illegible]	六八九七三
新潟	新潟縣第一師範學校	縣立	越後國新潟市旭通町	同九年	本科 簡易科 教員講習科	四年 二年 一年	[illegible]	一三	[illegible]	一三	[illegible]	[illegible]	[illegible]	[illegible]	[illegible]	[illegible]	五三〇〇四

三

日游汇编文中附表

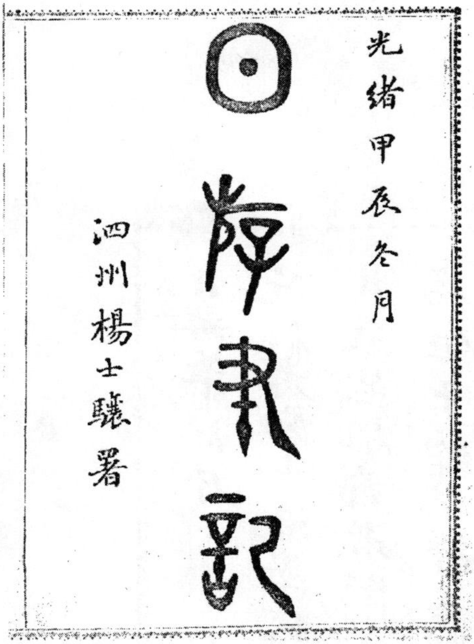

光緒甲辰冬月

日游筆記

泗州楊士驤署

學務處排印局校印

日游笔记书影

日游筆記序

近歲考察東瀛學校歸者記載夥矣其裒然稱首者以　吳京卿東游叢錄爲鉅子餘或詳其制度而略其精神抑知其精神矣返而施之吾國又風俗程度之不相稱未見其善也　太史是

日游笔记序

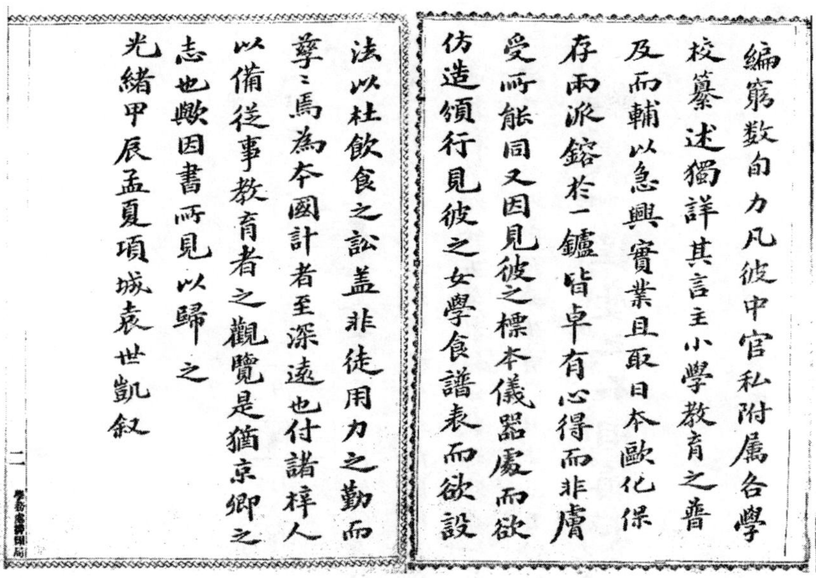

編竊數向力凡彼中官私附屬各學
校纂述獨詳其言主小學教育之普
及而輔以急興實業且取日本歐化保
存兩派鎔於一鑪皆卓有心得而非膚
受所能同又因見彼之標本儀器處而欲
仿造頒行見彼之女學食譜表而欲設
法以杜飲食之訟蓋非徒用力之勤而
孳孳焉為本國計者至深遠也付諸梓人
以備從事教育者之觀覽是猶京卿之
志也歟因書所見以歸之
光緒甲辰孟夏項城袁世凱叙

二

日游笔记袁世凯序

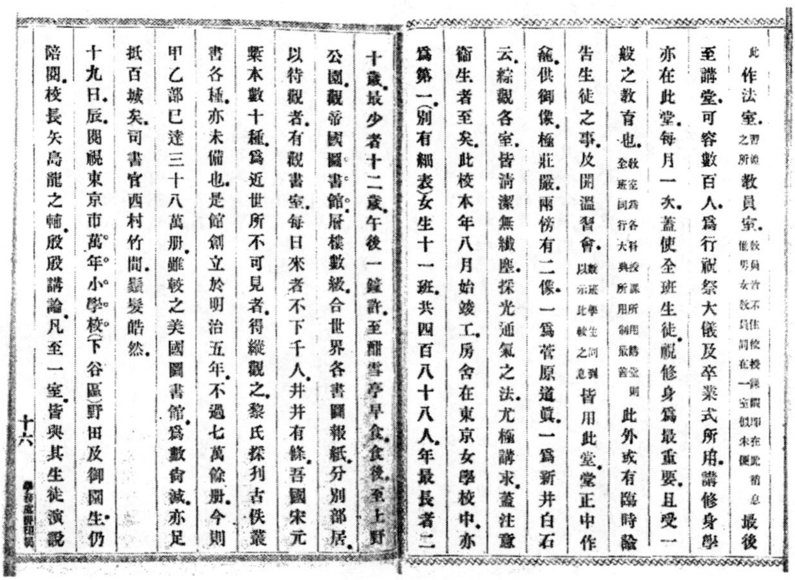

此作法室。（習禮之所）教員室。（教員皆不住校課暇即在此稍息惟男女教員同在一室似未便）最後
至講堂。可容數百人。爲行祝祭大儀及卒業式所用。講修身學
亦在此堂。每月一次。蓋使全班生徒。視修身爲最重要。且受一
般之教育也。（教室爲各科授課所用講堂則全班同行大典所用獨最著）此外或有臨時論
告生徒之事。及開溫習會。（數班學生同到以示比較之意）皆用此堂。堂正中作
龕。供御像。極莊嚴。兩傍有二像。一爲菅原道眞。一爲新井白石
云。綜觀各室。皆清潔無纖塵。採光通氣之法。尤極講求。蓋注意
衞生者至矣。此校本年八月始竣工。房舍在東京女學校中。亦
爲第一。（別有細表）女生十一班。共四百八十八人。年最長者二
十歲。最少者十二歲。午後一鐘許。至酣雪亭早食。食後。至上野
公園。觀帝國圖書館。層樓數級。合世界各書圖報紙。分別部居。
以待觀者。有觀書室。每日來者不下千人。井井有條。吾國宋元
槧本數十種。爲近世所不可見者。得縱觀之。黎氏採刊古佚叢
書各種。亦未備也。是館創立於明治五年。不過七萬餘册。今則
甲乙部已達三十八萬册。雖較之美國圖書館。爲數尚減。亦足
抵百城矣。司書官西村竹間。鬚髮皓然。
十九日。辰。閱視東京市萬年小學校（下谷區）野田及御園生。仍
陪閱。校長矢島龍之輔。殷殷講論。凡至一室。皆與其生徒演說

十六

日游笔记刊本正文

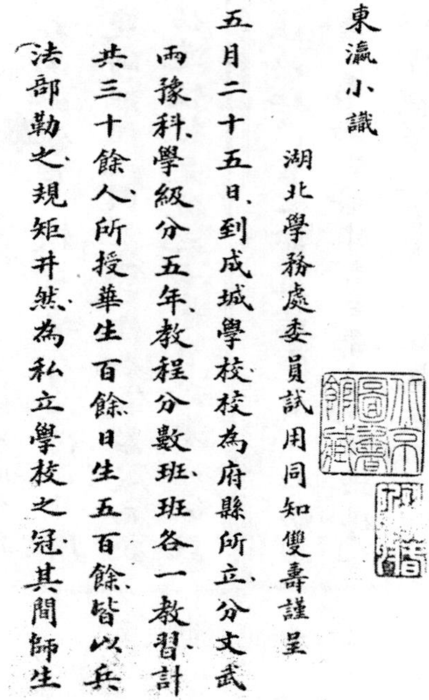
東瀛小識
湖北學務處委員試用同知雙壽謹呈
五月二十五日、到成城學校、校為府縣所立、分文武
兩豫科、學級分五年、教程分數班、班各一教習、計
共三十餘人、所授華生百餘、日生五百餘、皆以兵
法部勒之、規矩井然、為私立學校之冠、其間師生

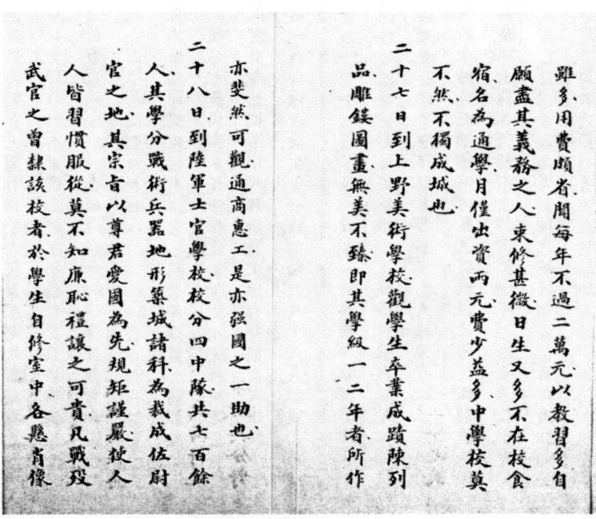
雖多、用費頗省、聞每年不過二萬元、以教習多自
願盡其義務之人、束修甚微、日生又多不在校食
宿、名為通學、月僅出資兩元、費少益多、中學校莫
不然、不獨成城也、
二十七日到上野美術學校、觀學生卒業成蹟、陳列
品雕鏤圖畫、無美不臻、即其學級一二年者所作
亦斐然可觀、通商惠工、是亦強國之一助也、
二十八日、到陸軍士官學校、校分四中隊、共七百餘
人、其學分戰術兵器地形築城諸科、為栽成佐尉
官之地、其宗旨以尊君愛國為先、規矩謹嚴、使人
人皆習慣服從、莫不知廉恥禮讓之可貴、凡戰殁
武官之曾隸該校者、於學生自修室中各懸肖像

北图藏东瀛小识钞本书影

本册总目□

□

双寿东瀛小识

丛书新序

钟叔河

二〇一三年十月

“走向世界丛书”一百种，只收晚清时期 from east to west（从东方到西方）的记述，这并不等于说，只有十九世纪末二十世纪初的中国人，才需要面对走向世界的问题。

纵观人类历史，走向世界决不是什么地区性和阶段性的活动，而是不断出现在全人类发展进步过程中并与之同步的历史现象。一百万年前，人类开始从非洲进入亚洲和欧洲，一万年前，又从亚洲进入北美洲和大洋洲，就是在不断地走向世界。

从有史以来的文献、文物看，三千多年前的《奥德赛》和《出埃及记》，说的是古希腊人和以色列人走向世界——走向地中海和巴勒斯坦。两千多年前的《史记》和《汉书》，写了张骞和后来汉朝“益发使”走向世界——曾走到罗马在西亚的边陲。一千三百年前的《大秦景教流行中国碑》、七百年前的《马可·波罗游记》和四百年前的《利玛窦中国札记》，记下了阿罗本、马可·波罗、利玛窦的 from west to east，这和 from east to west 一样，都是在走向世界。

人类曾因地理、种族、制度、意识形态等原因而互相分离，甚至隔绝。夜郎国的君长初见汉使时问：“汉孰与我大?”当是时，夜郎的世界僻处黔西，其“大”可知；连夜郎都未入版图，则汉之“大”亦远不如今之中国。但人为万物之灵，为了求生存谋发展，总不能老守着自己的一亩三分地，总会要想方设法走向世界——走向更广阔的外部世界。于是，汉要“通西南夷”，要前往原来“道险终不能有”的夜郎；夜郎要问“汉孰与我大”，要想改变原来“不知汉广大”的状况。由互相隔绝变而互相接近，互求了解，这就是走向世界。

走向世界，无论是自己走出去还是让别人走进来（总比让别人杀进来好），无论是主动的还是被动的，从总的历史进程看，用大的历史眼光看，都有利于发展，都是一种进步。对汉朝来说是如此，对夜郎来说亦是如此。两千年前是如此，两千年后亦是如此。上世纪七十年代末开始编辑出版“走向世界丛书”时是如此，如今来继续编辑出版这部丛书时亦是如此。

今天的中国已不再是七十年代的中国，虽然仍称发展中国家，经济总量却早已“超英”，正在“赶美”，但走向世界的路还“漫漫其修远”。时至现代，走向世界当然是要走向现代化的世界，也就是要高度现代化，全盘现代化。“四个现代化”的“四个”——工业、农业、科技和国防，已经“化”出了很大的成绩，而我们的管理现代化，我们的服务现代化，我们的制度现代化……要走的路的确还很长。

现代人走向世界，首先要使自己成为能接受全球文明，有世界知识，有世界眼光，有世界理想的人。“走向世界丛书”杰出的作者，如郭嵩焘、黄遵宪……又如邹代钧、金绍城……他们看到的新技术还是德律风（送话器和最早的手摇电话机）、火轮车（蒸汽机车）……我们如今却已经用上了智能手机、坐上了波音飞机……但在思想层面上，我（不敢称我们）反省自己的世界眼光和世界理想，甚至在世界知识的某些方面，比起一个多世纪以前的郭、黄他们来，差距实在还不小。在这方面，也就是人的现代化这方面，要走的路就更“漫漫其修远”了。

五年前北京奥运会的成功举世公认，它已经成为中国走向世界的一大标志。它的口号：

ONE WORLD，ONE DREAM

“同一个世界，同一个梦想”，这也应该是现代人走向世界的志向和目的，是我们继续编辑出版“走向世界丛书”的志向和目的。

丛书原序

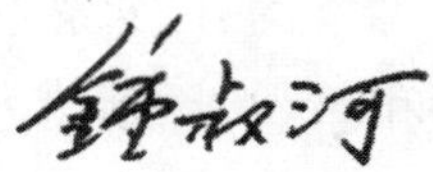

一九八〇年七月

人们常说，今日之世界，乃是一个“迅速缩小的世界”（rapidly shrinking world）。在电视卫星、激光通信和喷气式客机的时代，地球之上各地之间的距离，确实好像越来越短，人们相互间的接触和交流，也越来越方便和密切了。

可是，仅仅在几代人以前，异国还显得那样的离奇和遥远。古代欧洲人说，中国人用小米和青芦喂一种类似蜘蛛的昆虫，喂到第五年虫肚子胀裂开，就从里面取出丝来（Pausanias《希腊纪事》）。古代中国人则曾经相信，西方有种羊羔是从泥土里生长出来的，脐带还连着大地（《旧唐书·西戎传》、《渊鉴类函·边塞部九》）。这类海外奇谈，今天听起来简直不可思议，而在过去上千年中，却一直被当作可信的资料，记载在欧洲和中国的史书上。由此可见，人类文明的发展，经历了一条何等漫长曲折的道路。

为了探索和开辟外部世界，丰富自己的物质和精神生活，各国人民都作过许多贡献。人类文明史像叙说伟大的发明家和著作家一样，将永远铭记着张骞、玄奘、马可·波罗、哥伦布等不朽的名字。我们甚至可以这样说：一个民族从中世纪到现代的历史，也就是它打开眼界和走向世界的历史。

历史的发展从来是不平衡的。当黄河、长江已经哺育出精美辉煌的古代文化时，泰晤士、莱茵和密西西比河上的居民，还在阴暗的原始森林里徘徊。而自从地理大发现和产业革命以来，中国却相对地落后了。在西方实现资本主义的现代化以后，中国还是一个基本上同外界隔绝的古老国家。是鸦片战争打开了中国的大门，也打开了中国人的眼睛。人们称林则徐和魏源为清代最早“开眼看世界”的人，因为西方的坚船利炮打到中国来时，他们首当其冲，亲身感到这个世界在缩小，距离和壁垒再也不能将异国隔离开了。

过去时代的中国读书人，在“严夷夏之大防”的社会里度过了上千年。封闭的外壳被打破后怎么办？守旧派的办法是把脑袋钻进沙子里学鸵鸟，像慈禧太后的大学士徐桐，见到洋人就以扇遮面。就是这个徐桐，在庚子年间焚香叩请骊山老母下凡来“杀尽洋人”，结果骊山老母没有下凡，他自己的老命却白白送掉了。而林则徐和魏源则不同，提出要“师夷长技以制夷”，主张学习外国的长处，以对付外国的侵略。要学习，先得了解，于是林则徐编了《四洲志》，魏源编了《海国图志》。虽然他们未能亲身出国去考察，书的材料靠间接采辑而来，难免有许多谬误，但无论如何，地里长羊羔之类的神话毕竟不得不逐步让位给常识了。

林、魏之后，中国才开始有读书人走出国门，到欧美日本去学习、访问和工作。容闳、王韬、郭嵩焘、黄遵宪和严复等人，要算是最早的。接着出国的人渐渐多了起来，尽管其中不少是奉派而去的政府官员，但既然去了，就不会不接触近代—现代的科学文化和政治思想，也就不可能不在中国发生影响。

“走向世界丛书”专收一九一一年前国人亲历

欧美和日本的记述。自从一八四〇年鸦片战争失败那时起，先进的中国人，经过千辛万苦，向西方国家寻找真理。应该说康有为和在他之前的郭嵩焘、王韬、容闳等人，的确代表了近代中国向西方寻找真理的一派人物。当然，丛书所收的，也并不全属先进的人物的作品；但总而言之这些都是中国人从东方走向西方的实录，自有其文化的意义和历史的价值。

必须指出的是：从鸦片战争到五四运动这一历史时期中，西方国家虽在许多方面比中国先进，值得中国人学习，但国家利己主义的本质，却总是要压迫剥削比他们落后的民族的。中国人走向世界、接触西方，既有一个学习外国长处的问题，又有一个抵抗外国侵略的问题，盲目排外和盲目崇外都是错误的。对于某些作品中不免流露的这类观点，我们将在为各书撰写的叙论中，适当地作些分析，供读者参考。

“洋为中用”是我们今天的主张，也是十九世纪先进的中国人的主张。“师夷长技以制夷”，不就是“洋为中用”吗？当然，随着接触和认识的逐步深入，人们慢慢地看出：仅仅学一点“长技”，搞一点坚船利炮，还是不行的；要救国，只有维新，维新行不通，就只有革命。伟大的革命先行者孙中山，用他自己的话来说，也是在一八七八年出国以后，“始见轮舟之奇、沧海之阔，自是有慕西学之心，穷天地之想”，才树立了推翻清朝建立民国的大志和信心。历史无情亦有情，后人的思想和事业肯定要超越前人，但前人的足迹总可以留作后人借鉴，先行者总是值得纪念的。

今天的世界已不是十九世纪的世界，今天的中国更不是清朝末年的中国。今日之中国，已经逐渐以现代的面貌，出现在世界的东方。但是，世界的进步越来越快，中国的经济和文化等许多方面还需要不断地发展和提高；这就必需继续打开眼界、走向世界。打开眼界以后，还要学会分析，分清好的和坏的。一切好的东西，要拿来为我所用；一切有害的东西，要实行抵制和预防。在这方面，前人的经验和教训，有一些也仍然值得我们注意。

谨将这套丛书奉献给爱好历史和文化、关心中国和世界的读者，希望它能在中国现代化的过程中，起到一点微薄的作用，是为序。

丛书凡例□

一、“走向世界丛书”一九八六年前已刊三十五种，二〇一五年起仍按原定一百种的计划继续刊行，仍然专收现代以前用文言写作的国人考察西方（含开国后的日本）的记述，仍以亲身经历、直接闻见者为限。

二、丛书按作者出国年月排列次序，尽量单行，即以一种为一册；字数过少无法单行者，才以两种或数种合订成册。合订本尽可能以类相从，按第一种出国年月排序；其各种均在封面列出书名，书脊则只列出第一种书名，并在其下注明“等几种”。

三、每种（册）书前，均由编校者撰写导言（叙论），介绍作者有关背景和书中重要内容，酌加评论分析，以供读者参考。

四、丛书均经编校者校订，标点分段，并加边批。边批的内容主要包括三个方面，兹以《随使德国记》为例，举示如下：

1. 标题、提要和说明，如“星使由苏州来”、“普鲁士分一十二省”、“演八十日环游地球的故事”、“如夫人即赛金花”、“‘人工’今皆称工人”。

2. 书中较重要的译名（加括弧注出原文或今译），如“德璀琳（Detring）”、“毕驷马（俾斯麦）”、“布莱门（不来梅）”、“德利风（电话）”。

3. 原文的订正和存疑，如“‘公司船’原无船字”、“‘骁勇’原作‘骑勇’”、“‘薛福成’成字原作辰”、“奥京立斯本应是维也纳”。

五、每种书后，均附人名索引，人名依首字笔画和一丨丿丶乚排列，按年、月、日三节数字查检（正文单页码下均有年、月、日三节数字备查）。如德璀琳之“德”字为十五画，于索引

“十五画”内检得其名下首列“13，8，17”，查正文“13，8，17”在P.3下，即可在P.3上找到（光绪十三年八月）十七日“乘肩舆往拜税务司德璀琳”的记载。

六、每种书后，一般附有译名简释（今昔译名对照，必要时并加说明），亦依首字笔画和一丨丿丶乚排列。如“卜兰墩浦 Brandenburg，勃兰登堡”，又如“勺勾腊 chocolate，巧克力”。

七、人名索引和译名简释的条目，并不限于边批中所举者；边批中所举者，则必皆收入索引和简释。

八、人名索引按年、月、日三节数字查检，其原书不著年、月、日者，则按篇章序号或页码查检。

九、原文因排印（抄写）而出现的明显的文字错误径予改正，不在边批中注出。

十、原文中同一外国地名而作者译法多样，

如缪祐孙《俄游汇编》中“彼得堡”就有“比得堡”“彼德堡”等异文，“莫斯科”也是如此。此种情形，无碍阅读，故一仍其旧，不作统一。

十一、原文中之统计数字均一仍其旧。少量表格中之统计数字，为方便读者阅读，改为阿拉伯数字。个别已经失去时效、并无参考价值的资料，则在说明情况后予以删去。

（十二）丛书均以简体汉字印行；除总序、凡例外，编校者所作导言（叙论）、边批、索引中涉及的数字均按现行规定采用阿拉伯数字。

叙论：考察日本教育的三种观感□

赖某深

从1901年开始的清末新政，由于是慈禧太后所主导，历来评价不高。加之预备立宪纯属挂羊头、卖狗肉的骗人把戏，当时即已被人识破，遭到唾弃在情理之中。但平心而论，虽然清末新政在政治方面乏善可陈，在教育改革方面却可圈可点：兴学堂、鼓励留学、废除科举，在中国教育史上写下了浓墨重彩的一笔，值得大书特书。

本书所收录的，就是清末新政期间为了进行教育改革而派遣的赴日考察教育的官员所写的日记。透过这些一百多年前的文字，不难看出当时日本的政治、社会、教育状况，从一个侧面了解中日文化交流史，更可以窥见我们的先人在走向世界的过程中所思所想以及步履之艰难。

宇宙最大之事业，无逾教育

光绪二十九年（1903），受两江总督张之洞派遣，江南高等学堂总教习缪荃孙一行十一人到日本考察教育。回国后将考察见闻写成《日游汇编》一书，下面分别介绍书中的主要内容，并略作评述。

第一部分为讲义卷，是记录高等师范学校校长嘉纳君所讲。嘉纳君即嘉纳治五郎，是日本东京高等师范学校校长，为日本著名教育家，曾多次访问中国，亦曾多次接待中国赴日教育考察团，考察团成员的日记中屡屡见到其身影。缪荃孙以数千字的篇幅记录了嘉纳治五郎的谈话，嘉纳治五郎全面介绍了日本教育状况，指出教育大别有三（普通教育、实业教育、高等专门教育），普通教育又分为三门（小学、中学、高等女学），日本学校种类大别有三（官立、公立、私立）、日本的学制以及商业学校、农业学校、工业学校、美术学校所教科目等等。最值得注意的是嘉纳治五郎的教育思想，如说：

> 初级教育，最重德育。
>
> 国家富强之基，实肇于德育。
>
> 德育不讲，人皆贪黩，其害匪浅。
>
> 历史即富强之根也。
>
> 小学年限，不宜过长。
>
> 大学专重学理，不重实用。
>
> 国家之盛衰，视国民之愚智。国民之愚智，视教员之

贤否。

尤其是“宇宙最大之事业，无逾教育”（引文除特别注明者外，均引自该书）高论，穿越时空，震烁古今，至今读来，仍光焰万丈，令人心折。原文是这样说的：

> 教育之事，在常人视之，极为无谓。而在教育家观之，则宇宙最大之事业，无有逾于此者。试以军事家论，军事家战胜攻取，以卫国民，所系可谓重矣。然军事家所保全者，数十百年已耳。数十百年以后，其功业泯灭，殆如白驹之过隙。人民所享之幸福，非复曩之军事家所造就矣。譬之贵国汉高祖、光武、唐太宗、元太祖诸人，丰功伟业，非不震烁一时，然时移代易，则其泽斩焉。孔子一布衣，讲求教育，万世之下，学者宗之。盖教育家之支配人心，其用迥出诸家之上。人类苟不灭，其教断乎无绝期也……教员悟此，自知教育为唯一之伟绩，举斯世之荣利，均不足以动其心矣。

思想是行动的原动力，仔细想想，“宇宙最大之事业，无逾教育”是不是比我们经常宣传的“教育是太阳底下最光辉的事业”，“教师是人类灵魂的工程师”，教师的作用是“传道、授业、解惑”更加深刻，更加能够揭示教育的真谛？更加能够使教师增强职业自豪感和荣誉感？倘若我们的教师都能明了“宇宙最大之事业，无逾教育”，都把教育当作终生追求的事业而非仅仅是谋取衣食的职业，又怎么会产生职业倦怠感？又怎么会产生事业的挫败感呢？

第二部分为日本考察学务游记，是严格的日记体，记录了自光绪二十九年正月初十自江宁赴沪至三月十一日自日本返国至沪的所见所闻、所感所想。其中大部分内容是考察日本各类学校的记录，计有东京府高等师范学校、东京府第一中学校、东京美术学校、东京高等工业学校、东京盲哑学校、东京商船学校、东京第一高等学校、邮便电信学校、宏文学院、早稻田大学、农科大学、东京帝国大学等，可以说从幼儿教育到中小学教育、高等教育、特殊教育，都进行了深入细致的考察，还会见了众多的日本教育界知名人士。给人留下深刻印象的有如下内容：

幼儿园的快乐教育："幼稚园无读书、习字课程，惟教唱歌、游戏之易者，及古昔贤哲嘉言懿行浅显易晓者，使小儿身体发达，脑力活泼，渐知练习学校规矩。"——不知长期接受和信奉"不让孩子输在起跑线上"理念的中国家长，不知当今有些把幼儿园办成"小学预备学校"的人，读了会作何感想！

关于日本小学分单级、多级的介绍："一教员担任一学年或一学科者，谓之多级小学；一教员担任四学年兼授各学科者，谓之单级小学。""多级一学年为一教室，单级则仅一室而已。"说白了，单级教学就是教员在同一个教室内，给不同年级的不同学生上课，这如何教？日本教育家嘉纳君是这样描述的："如教一年生习字，则当其摹写时，即可以读本授二年生。二年生读书，三年生即可学诵。教员乘其暇，又可授四年生算数。以此类推，则教员可不劳，而诸生皆受教矣。”想必中年以上且在农村偏远山区上过小学的读者看到这里，立即就明白了，这不就是自己儿时接受过的“复式教学”吗？作者还说，“单级只山村、小邑之类，不得已而行之者”，是迫不得已、因陋就简而发明的一种教学方法。写到这里，想起不久前读到的一篇名为《复式教学——不可或缺的教学模式》的文章，该文一开头就说：“复式教学是我国居住人口分散的农村，特别是山区农村的一种重要的教学形式，是诞生在中国农村大地上的一种课堂教学的特殊模式。”不禁哑然失笑。

关于东京帝国大学陈列室的介绍：该校工科陈列室（书中称为“列品室”）有七个，即土木工学、机械工学、造船学、电气工学、建筑学、应用化学、采矿及冶金学。其中土木工学陈列室有“关于铁道、桥梁、运河、港湾、水道下水等标本模型二百三十馀具，各国土木工所用之物罗列靡遗”，电气工学陈列室“有关于电信、电话、电灯、电力之各种模型标本器械一千五百五十馀种”。理科陈列室有三个，即动物学、地质学、人类学。因文字过长，不具引。一百多年前，东京帝国大学学科设置就如此齐全，研究领域就有如此广泛而深入，不能不令人叹服。

除了考察教育，日本社会政治也是作者关注的重点。日本为何能够在近代迅速富强？作者虽然没有深入进行考察和分析，但从其日记及感慨中可以窥见端倪。日本新闻业非常发达，“全国报馆林立，主笔者咸有采访权，事无巨细，悉可直书无讳”。作者头天抵达长崎，次日新闻即已见报，“消息之捷，可以觇国之所由兴矣”。日本善于借鉴和学习，取人之长、补己之短，参观东京高等工业学校时，作者看到了许多机械设备，大部分并非是日本所制造，“其本国所制仅有二种，盖日人能絜各国之长，用其新器、新法，故不必自制机械，即能争衡各国也”。特别是在参观大阪（作者称为“大坂”）博览会时，作者感慨更深，日本几十年中，“工商业之进步实可惊羡”，而反观中国，送展的物品“均用旧式，未能推陈出新，较之各国之物均觉瞠乎其后。至机械、教育，则并不能以一物争胜，可慨也”。

来到强国又是敌国的日本，作者对于国耻的感受非常强烈，民族大义和爱国情怀炽热，唤醒国人急起直追的意识呼之欲出。参观九段国光馆时，看到了“庚子天津战役油画”，再现了1900年八国联军入侵天津的场景，只见“炮火迷离，田庐狼藉，联军跃马驰突，不见有中国一兵。间有一二裹红巾、披辫发、仆地不起者，则联军所毙拳匪也”。日本以此画来鼓励国民，每当有游客参观，则“命一僮演说日军战胜之状”，走笔至此，作者极为愤懑，“吾辈至此，惨愤交集，归时当以此普告国人，使知国耻民艰，急宜振奋，不可如故之泄沓也”。在参观大阪博览会时，看到人类馆端坐的台湾缠足妇女，“任人注视，其狎侮吾同种至矣”，深感这是对中国的极大侮辱，“苟有血气，能无愤恨，而坐视国人死守旧习而不变哉！”在参观东京高等工业学校化学定性分析室时，作者见一印度留学生在试验药水，日本人介绍说："该校有三国人留学，中国及朝鲜、印度也。英灭印度，奴隶遇之，虽有才智，不得受高等教育。印度人出而留学，则英人贻书各国政府，诫各国毋得使之学政治、法律，仅以工商制造贱业教之而已。故印度人之在日本者，学业程度远不能如中国及朝鲜人。"印度被英国灭亡后，居然连接受高等教育的资格都被剥夺，作者不由评论道："亡国之惨，至于如此。"想必作者在写这段话时，情不自禁地想起1900年的八国联军侵华，1901年空前的丧权辱国的《辛丑条约》的签订，那种感受和滋味，不身临其境是很难体会的。

作者的政治立场和观点是保守的，自序中将清朝称为"圣清"，吹捧清朝建立以来，"闿泽深仁，史所罕见"，对于自由平权之说不以为然，甚至称之为"邪说"。但另一方面，对于日本的进步之处不吝赞美，对国内的落后腐败批评毫不留情。作者到达横滨，收取行李，"海关查验，严而不扰"，而一回到上海，化学器械都被海关扣留，直到五天后，"由关道给信方提出，并索费，无理纷扰百倍日本矣"，堂堂的"江南高等学堂总教习"过海关时尚且受到如此敲诈勒索和刁难，小民百姓更可想见。在参观东京巢鸭监狱时，看到监狱讲究卫生，对犯人进行文化教育以促使犯人"悔罪自新"，尤其是"授以生计，使之将来可以谋生"，不禁发出由衷赞叹。而"我国之监狱，黑暗秽臭，狱卒陵辱，而处其中者又不尽皆死罪，有株连波及者，谳狱未终，而其人已瘐死。其幸而出狱者，既未加以教训，又未授以生计，则仍为从前之所为耳。故今日言施仁政，非自监狱始不可”。只是他的拳拳之心，不知当政者有几人能深刻领会？

第三部分为日本访书记，作者是著名的藏书家和版本目录学家（张之洞的《书目答问》据说是其捉刀），他提醒到日本访书的学者，如何衡量古书的价值，其心得是：“大约古抄卷子本为上，宋元旧刻次之，翻刻本而未加和文者次之，活字本次之，影写者次之，分类以求，谨以告东游好古之士。”

兴学为立国之根本

袁世凯是乱世之枭雄，治世之奸雄，尽人皆知，但若说他也重视教育，恐怕没有多少人相信。不过事实胜于雄辩，在清末新政期间，在其担任直隶总督时期，的确曾多次派遣官员赴日进行教育考察，甚至亲笔为考察日记作序，却是不争的事实。

光绪二十九年，受直隶总督袁世凯派遣，王景禧赴日本“视察”学制，从九月初一日启程赴日，至十月二十二日返程，历时五十日，作者自云：“此行视察学校，自幼稚园，而寻常小学，高等小学，中学，高等学，大学，以次递进。”（引文除特别注明者外，均引自该书）几乎是马不停蹄，“视察”了各级各类学校数十所，并将其见闻写成《日游笔记》一书，本文不打算面面俱到地介绍其内容，只是就其中最重要部分加以点评和分析。

关于教育的重要性：九月十五日，作者赴直隶留学生欢迎会演说，劈头就说："国之振兴，基乎教育。"他研究日本教育，深感"兴学为立国之根本，而小学之国民教育，尤为根本之根本"。何为国民教育？"所谓国民教育者，谓有普通之知能，能胜国家之职务，始足为此国之民。"反之，"无普通之知能，则虽有耳目心思，虽有手足肢体，而一无所知，一无所能，有此人几如无此人，且须仰给于人，直与废人等耳"。作者认为，日本人能各司其职，"一无游惰"，"其原因皆由全国普及之小学国民教育而来"。接受了国民教育，"乃能具一般国民之资格，具一般国民之资格，乃能担任一般国民之义务"。

关于日本各级学校不同的培养目标：小学要普及国民教育，"无贵贱贤愚，悉令受学，皆民生日用所必需，无容或缺者也"；中学以及实业学校，"则为养成能胜职业者之程度，学求有用，即知即能也"；高等以至大学，"则为养成主持政法，指挥职务，发明理要者之程度"。也就是说，小学是传授民生日用所必需的知识，中学是培养能胜任职业的有用人才，大学则培养高级的专门人才。

作者对于日本各级各类学校都重视唱歌和体育，印象深刻，评价甚高。他观察到"此邦各校，无不有唱歌一科，所以激发忠爱，涵养德性"，"体操一科，则自幼稚以及大学，尤汲汲而不一懈"。"从前幼稚园重智育，今则体育德育视为并重”，这不是德智体全面发展思想的萌芽吗？他多次参观各校举行的运动会，对比赛项目津津乐道，试看其记载：

九月十九日午后，“往观女子师范学校高等女学校之运动会。运动会者，每年一次，合全校诸生，为各项运动。来观者数千人，寂坐无哗，赞赏者但鼓掌而已。名目四十有二，有写生竞走，裁缝竞走，割烹竞走，插花竞走等，以最敏速者第一人为优等。”女校运动会的比赛项目的确别出心裁，有女子学校的鲜明特色，而数千观众“寂坐无哗”，从中不难看到日本国民的素质及中国与日本的差距。

九月二十七日日记，“昨日观大学堂运动会，有曰棒飞者，立二标竿，高约二寻有半，上浮置一横线，一人拄棒，飞越而过，线不少动。”“寻”是古代的长度单位，一“寻”等于八尺。“棒飞”不就是今天人们在运动会上经常看到的“撑竿跳”吗？

再看其对日本学校体育课的记载。九月二十一日，参观东京府立第一中学校，“至体操场，观角抵术，二人相持，地铺厚荐，虽仆不伤，教习言此名柔道，亦名柔术。观击剑术，则皆以铁网罩面，以革蔽身，用竹作长剑，尽力击刺，以中要害为主。教员亦蒙面裹革，由学生奋击，口中亦作呐喊声。骤观可骇，实则注意体育者至矣。”身为日本著名教育家、“柔道之父”的嘉纳治五郎，虽然“年近五十，其学校内角抵之术，尚躬自入场，年少者或不能敌”。对于体育和体操的作用，作者赞赏有加，认为注重体育，能使人们“绝无畏难苟安萎靡不振之习”。“至体操一端，学人则以为不屑，实则体质脆薄，日即颓惰，于力行一训，多所愧缺”。甚至认为“唱歌为教育之心，而体操为教育之骨矣。”想必研究教育史的人都注意到，凡是到日本留学过或考察过教育的人，都非常注重体育，毛泽东的老师杨昌济，南开大学的创办者张伯苓都是如此。作为大学校长，张伯苓可能是最重视体育的，他关于体育的名言不胜枚举，像“德智体三育之中，我中国人所最缺者为体育”，“强国必先强种，强种必先强身”，“强我种族，体育为先”，“教育里没有了体育，教育就不完全”，甚至认为“不懂体育的，不应该当校长”（《思想者的产业——张伯苓与南开新私学传统》128—129页，海南出版社1999年版）。

作者身负送直隶留学生到日本的重任，所以中国留学生在日本的学习生活情况也是他关注的重点。九月十三日，他和中国驻日大使杨枢、参赞马廷亮议定直隶留日学生课程，计有教育学（附心理学）、教育制度（日本欧美）、教授法（附编纂教科书法）、学校管理法、地理学（附地文学）、历史学（附近世外交史）、法制经济学、数学（分数小数开平开立代数）、博物学（动物植物矿物生理）、理化学（物理化学之实验）、日本语文、体操（普通器具兵式）十二门，从中可见留日学生课程开设之一斑。还规定留日学生每星期内参观学校一次，至第三学期，每星期两次，注重理论和实践相结合的用意非常明显，这都是研究中国人留学日本史的好材料。十月初九日，参观日本专为中国留学生开设的成城学校和振武学校，校方介绍："本校教中国陆军学生，纯以激发忠义并学识技能为主，凡一切革命平权等谬说，断不容令学生闻之。即各报之语失其当者，亦严禁阅看。"思想控制不可谓不严，然而令校方和清朝统治者想不到的是，此校的众多中国留学生，回国后相继走上了反清的革命道路，蔡锷、陈独秀、孙武、吴玉章、李烈钧、蒋介石，就是其中最为著名的。

书中关于裸体模特的记载，也是很有超前眼光的。九月三十日，作者参观位于上野公园内的美术学校，"凡绘画共十馀室，无不殚思研虑，至以生人为模型而写之，全身毕现，以为非此不肖。佣此等人之值，每一小时二元矣"。作者虽然没有指明裸体模特是男是女，也没有一个字的评论，但如此客观记述已相当不容易。须知中国第一个裸体女模特，到 1920 年的上海美专才正式诞生，从裸体女模特诞生之日起，争议和反对之声就不绝于耳，什么"有伤风化"啦，什么"伤风败俗"啦，上海美专"分明是妓院"啦，如此等等，冷嘲热讽，不一而足。当时的上海县长下令禁止人体写生课，五省联军总司令孙传芳下令通缉上海美专校长刘海粟。即使新中国成立以后，对是否使用裸体模特依然争议不断。1964 年，康生等人曾在一份《关于使用模特儿问题》的报告上批示："这个问题现在必须解决它。用女模特儿是不是洋教条？可不可以废除？难道吴道子的人物画是靠这个办法练出来的吗？”“我意应坚决禁止，我决不相信要成为画家一定要画模特儿。”他们甚至还认为：“这种办法实际上是资产阶级美术界玩弄女性的借口。”官司打到毛泽东那里，直到毛泽东批示，“男女老少裸体model，是绘画和雕塑的基本功，不要不行”，才算终结了争议。当然，这是后话。

作者王景禧（1867—1932），字燕泉，号石荪、石逊，山东滋阳人（今隶兖州）。他15岁即中秀才，21岁成举人，23岁中进士，授翰林院庶吉士；25岁朝考一等，授翰林院编修，可谓少年得志。1902年被任命为直隶学校司总办；次年，又改任普通教育处总办，兼编译局总办及官印局会办，并且被派往日本考察教育，同时护送一批留学生到日本宏文学院学习。其赴日考察时还写了《瀛谈剩语》诗集，从中颇可看出他当时的思想情况。如“我爱东瀛地，图强果自强。有人皆教育，无处不胶庠。会社新株式，衣冠半古装。交通尤便利，左右太平洋”（《杂诗》五言之三）。“新诗三十首，吟罢雪盈颠。对照方知愧，瘈词敢浪传？精神真教育，关塞惨风烟。不敢闻鸡舞，恐将三岛翻”（《杂诗》五言之十三）。“同胞四万万，听我语无哗。学以实为贵，国之本在家。富强唯教育，时代尚萌芽。不惜词多讽，挥戈日已斜”（《忆否》之十），可以与其赴日考察记对照阅读。当然其最著名的诗作是二十世纪二十年代末所作的《宫井词》，写的是清光绪皇帝和珍妃的爱情悲剧，对清末的一些重大历史事件都有涉及。诗中充满了浓浓的故国之情，沧桑之感："天留老眼看兴亡，儿女江山梦一场。剩有御沟呜咽水，年年遗恨哭沧桑。"堪比白居易的《长恨歌》和吴梅村的《圆圆曲》。

顺便提一下，网络上所见到的关于王景禧的文章，包括其家乡人樊英民先生所缩写的《兖州史话》以及王景禧第三子王洒泗先生所写的《忆我的父亲晚清翰林王景禧》，一方面为人们了解王景禧的生平事迹提供了便利，另一方面也存在一些史实错误，如把王景禧的赴日考察记《日游笔记》误成《日游日记》，把王景禧护送直隶留学生二十人赴日留学说成是二十二人，为防止以讹传讹，在此特作说明。

国势强弱之分，大半视教育普及与否为比例

三十多年前，"走向世界丛书"主编钟叔河先生到北京图书馆（今国家图书馆）访书，意外地发现了双寿所著的抄本《东瀛小识》，于是复印下来，成为此次整理出版的底本。笔者曾遍查国内各大图书馆的古籍书目索引，均未见著录此书，专门研究中日文化交流史或者教育史的论著，也未看到引用该书，不知收藏近代中日文化交流史料最丰富的"实藤文库"（《中国人留学日本史》的作者实藤惠秀捐赠，藏于东京都立中央图书馆）是否有此书。

由此可见，倘若不是钟叔河先生发现此书，并提议收入“走向世界丛书”出版，《东瀛小识》不知道还会在书库中沉睡多久，看来书的命运和人的命运一样，有遇有不遇也！

原书无序跋，书前除书名外，仅有“湖北学务处委员试用同知双寿谨呈”题签。双寿何许人也？姓氏为何如此偏僻？经多方搜寻查考，得知双寿是镶红旗蒙古人，字如山。曾在宣统初年署理武昌知府和汉阳知府，民国年间修的这二个府志应该能查得到。至于双寿的其他履历，因手边资料欠缺，一时无从了解，企盼高明指点。

双寿是谁派遣到日本考察教育的？查张之洞的履历，1889—1907 年任湖广总督。1901 年 7 月设学务处综理湖北全省学堂事务。因此可能为张之洞所派遣。

双寿是何时到日本考察教育的？原书只标注月日而未系年，但《东瀛小识》七月初三日记载“明年以大坂（今称大阪）赛会，刺绣图画各课甚忙”。“大坂赛会”即大坂博览会，1903 年召开，因此双寿于 1902 年赴日考察教育无疑。又，黄璟《游历日本考察农务日记》（本丛书收录，书名为《考察农务日记》）光绪二十八年八月初七日记载：“同吴汝纶、湖北留学生监督知府双寿至芝区爱岩町警视厅。”初八日：“偕王金成、双寿……赴东京市巢鸭监狱署。”可印证双寿的确是在 1902 年（光绪二十八年）以留学生监督身份考察日本教育的。

《东瀛小识》所记起自光绪二十八年（1902）五月二

十五日参观成城学校，至九月初三日参观华族女学校，历时三个多月。和其他去日本考察教育的人不同，双寿考察的重点是日本的军事教育，其参观的军校计有成城学校、陆军士官学校、炮工学校、户山学校、骑兵实施学校及附属之兽医学校、陆军大学校、军医学校及陆军经理学校，记载各军校的入学资格及科目设置，还曾到步兵第一联队、骑兵第二联队、近卫野战炮兵联队看操，并到陆军省直属之织绒局参观。作者印象最深刻的是日本人对军人的重视及不以从军为苦：

> 其所以鼓舞而激励之者，大之立靖国神社，以祀死难诸臣，春秋致祭，帝后亲临，凡属军人，皆来观礼；小之则一歌曲之微，一图画之细，莫不隐寓奖劝愧励之意于其中。故其民之及岁而为兵者，父母以为喜，戚友以为贺，荣之以鼓乐，勉之以诗歌。以为此国民担任国家之义务宜然，岂复有以从军为苦者哉！

日本人不以从军为苦，戊戌变法失败后在日本流亡的梁启超早就注意到："冬腊之间，日本兵营士卒，休息瓜代之时，余偶信步游上野，满街之红白标帜相接，有题曰欢迎某师团步兵某君，某队骑兵某君者，……其本人服兵服，昂然行于道，标则先后之，亲友宗族从者率数十人。其为荣耀则虽我中国入学中举簪花时不是过也。其标上仅书欢迎某君送某君等字样，无甚赞颂祝祷之语，余于就中见二三标，乃送入营者，题曰'祈战死'三字，余见之矍然肃然，流连而不能去。日本国俗与中国国俗有大相异者一端，曰尚武与右文是也。中国历代诗歌皆言从军苦，日本诗歌无不言从军乐。”(《清议报》光绪二十五年十一月二十一日）梁启超对日本亲友数十人送新兵入伍印象深刻，对题写“祈战死”肃然起敬，进而联想到日本国俗和中国的巨大差别，感慨“中国历代诗歌皆言从军苦”，也许只有陆游是例外，他在《读陆放翁集》一诗中感慨：“诗界千年靡靡音，兵魂销尽国魂空。诗中什九从军乐，亘古男儿一放翁。”“兵魂”就是尚武精神，是“国魂”的集中体现，梁启超将“兵魂”和“国魂”的关系点破，的确发人深思。

除了考察军事教育，双寿还考察了日本的普通高等教育。值得一提的有八月十五日参观高等商业学校，注意到“其尤重在商家道德一科，以明此则可谋公利以保其私利”，这令人联想到朱镕基担任总理时，亲笔为三个国家会计学院题写“不做假帐”校训；八月二十九日参观医科大学，“见解剖一孕妇，血肉狼藉，惨不忍观”，医师对他说：“解剖已死，而可活未死。解剖一人，而可活众生。”不禁赞叹不已：“文明各国，虽明知此事残忍，而所见甚大，所求甚精，故亦相沿成风，不以为怪。”但是他的知识水平，他的见识，他的视野限制了他对日本教育的深入了解，且看他八月二十八日到大学（东京帝国大学?）参观时的记述：“其文科法科皆空文，无可观览。阅工科理科各教室，见应用仪器标本，以程度太高，知其贵莫名其宝。”正所谓如入宝山，空手而返。所以他虽然也有“国势强弱之分，大半视教育普及与否为比例”的认识，但总体上对日本教育考察浮光掠影，和日本教育家也缺少深入交流，记述不免流于表面，令人遗憾。

缪荃孙日游汇编□

光绪二十九年（1903）

正月十七日　自上海启程赴日

正月廿二日　抵日本东京

三月十一日　返回上海

□据上海图书馆藏光绪二十九年（1903）高等学堂刊本
□赖某深校点

缪荃孙日游汇编目录

自序

圣清抚定区宇二百馀年，闿泽深仁，史册罕见。特以地大则易生隔阂，人众则难于防范，积弊所丛，遂形贫弱。补救之法，亦惟作人于学而已。近数十年，取法于泰西，观型于瀛东，而日本以同文接壤，变法自强、革故鼎新之迹尚可追寻，帆影轮声往游日众，记载亦日出。上虞罗叔蕴（振玉）有《扶桑两月记》，安徽李荫柏（宗棠）有《考察日本学校记》，南海关颖人（赓麟）等有《参观学校图记》，宁乡陶榘林（森甲）有《日本学校章程汇编》，桐城吴（汝纶）有《东游丛录》。各学规模，无不详矣。

关于日本之考察记

然荃孙东游时，南皮师嘱之曰："考学校者，固当考其规制之所存，尤当观其精神之所寄。精神有不贯，规制亦徒存耳。然则求学于他国，固当先取吾国所当效法者，尤当先取吾国近今所能效法者。毋好奇，毋躐等，循循善

张之洞之嘱托

诱，以底于成，庶有益乎。”日本学校，中学以下，功课皆疏，讲解皆浅。浅则人能普及，疏则不为畏途，良法也。中学以上，人习一门，日只一时，全凭自修，以征心得。无课本以限之，无歧途以诱之，亦良法也。惟中学及高等学二校，学生年十四岁至廿岁，精力湛足，奋发有为。各门学问，由浅以及深，由难以至易。其科目与小学相仿，其程度比小学自深。六年之中，一则以受普通之全，一则以趋专门学校之渐，为学校中所最注意者。

我国开学四十年，创始于福建，人才亦惟福建为最。左文襄、沈文肃二公，识裕才优，心精力果，其精神所注，专以实学为主，使之各擅其长。惜乎用之不当，摧折者半，溺于所嗜自弃者半，而矫矫杰出之士，犹足与西人相颉颃。若京师同文馆，若北洋，若广东，互有得失。至南洋公学，而流弊不可胜言矣。此后办学堂者，当注意实学为宗旨，一切自由平权之邪说不禁自绝。无论何人不可有虚縻之岁月，无论何事不可无严整之规条。尽吾一心，而毋畏难，博采众说，以期尽善。成败听之天，毁誉听之人，无他术也。彼诋之者曰：“此奴隶学堂也，此野蛮学堂也。”然而不奴隶于中国，转奴隶于外人，野蛮其性情，并野蛮其装束，狂噬同于国狗，善骂等夫山膏，何足以阻兴学之志哉！谨编次讲义一卷，游记一卷，表二卷以代口述。至所述之规制，仍无异于他人也。光绪廿九年，岁在癸卯六月，江阴缪荃孙识

办学堂者当注意实学

讲义卷 高等师范学校校长嘉纳君所讲

教育大别有三：普通教育，实业教育，高等专门教育是也。师范教育与普通教育，大致相近。阁下此来，注意普通与师范，故余为阁下演说，亦特详于此二者。至专门实业教育，可约略言之。 教育大别有三

普通分小学、中学、高等女学三门，小学分寻常小学、高等小学两门，师范分高等师范、寻常师范两门，高等师范又分男子高等师范、女子高等师范两门。寻常师范，所以养成小学教员；高等师范，所以养成中学教员。 普通教育分为三门

各种教育年限及科目，各书所载甚详。公等谅已习闻，余可不论。

凡讲教育，宜先定其目的。普通教育，在养成全国人民之精神德业，以为万事之基础。故欲求将来之发达，必先慎施初级之教育。 普通教育之目的

初级教育，最重德育。德育者，以个人所当知当行之 初级教育最重德育

理，编为课程，以教小儿者也。敝国初级教育，限四年毕业。全国人民，无论男女，皆须入学受此教育。故此四年最为吃紧，个人所当知当行之理，皆于此四年教毕。

中国儒者著书其弊转在高深

贵国数千年来讲求道德，冠于亚东。然儒者著书，不屑为凡近之语，其弊转在高深。故贵国儒家之书，养成高等专门理学家则有之，至于使个人皆知道德，则未之有也。

国家富强之基实肇于德育

德育之当重，不独关系一人之行业已也。国家富强之基，实肇于此。如以兵事论，全国人民苟皆受道德教育，则征兵筹饷，人人皆跃然有保卫国家之意。否则，愚民于国家，情意涣散，不相维系，驱之使战，非畏葸不前，即怨望为乱。国何以强？不独兵也，即将帅亦然。将帅统兵，本为专门之学。然使为将者，于幼年未受德育，无爱国之心，则其后虽才智过人有兵家专门之学，一旦有事，仍不能忠勇奋发，激厉兵卒，以卫疆土也。

不独将帅，即农工商亦然。农工商之学，所谓实业教育是也。为农工商者，固必受实业教育，然其先必须受普通教育，学问方有根柢。设为农工商者不知道德，于实业亦难进步。如贵国工商素称繁盛，然至今日未能发达者，由治实业者初未受普通教育也。

德育不讲人皆贪黩其害匪浅

人之患莫甚于自私自利之见。此患各国人皆有之。敝国诸教员为教科书受贿事，亦坐此弊。故敝国近来诸教育家，极注意于德育，德育不讲，人皆贪黩，其害匪浅。

人之有德，犹树之有根。树生于山，枝分叶布，其根深也。人居于国，行成名立，其德厚也。语云："先入为主。"小儿受学，第一须以道德为之基础。幼年不知道德，长成而强制之，难矣。

德育书宜取最浅最近之理，使人人皆能领略。阁下主张教育，可于回国时，准此意编定小学修身之书。予去岁在贵国，曾为张宫保言之。

小学年限，不宜过长。敝国寻常小学，现限四年，教育尚不能普及。缘年限太长，国人不能遍入小学也。贵国初开学堂，势难骤期教育之普及。然年限总宜短少，庶人人皆能入学，皆知道德之大要。

小学年限不宜过长

道德与法律相对待者也。天下万国法律各有不同，然所以设此法律者，皆不外禁人为恶之意。夫人民未受德育，何以知善之当为，何以知恶之当去。国家不教，而徒设法以律之，是罔民也。故有道德之教育，方有法律之罪人。

教育之益，随在可验。今以五七龄之童子，应门肃客，苟未受教育，则其待客之礼貌，聆客之言论，必不能如曾受教育之童子之详尽。又如工人造屋，惟主人之命是听。为主人者，或尚旧法，或喜新法，所造各有不同。工人曾受教育，即能推陈出新，如人之意；未受教育者，只能死守旧法而已。

教小儿之法，宜使之乐于听受，方能启其心思，养其脑力。贵国向来教学，专重记忆背诵，其法非不切实，然于教小儿甚不相宜。小儿只解眼前之物，不能凭空思想。

小儿教育之法

如教小儿算术，即须以寻常用物数目示之。教小儿地理，即须以缩小地球示之。务使小儿为学，视为游戏之事，一无苦楚，而所教之事，所引证之物，无不明白晓畅，则四年所教，无一句无益处。如止责其背诵，小儿苦其难学，虽受数载教育，必不能有成也。

普通教育，不独使小儿知成人之道德，且须使之于世界万事万物皆知大概，所谓智育是也。

智育首重算数

智育首重算数。而教算数之义有二：一则使之知事物之数，皆有法以御之；一则使之练习脑力，圆美精细，长而处事，无鲁莽疏忽之弊。

小学何以有图绘一科？缘天地间有无限美善之物，人皆爱之，而恒患不能取携。学者既能图绘，则各种美善之物，皆可摹写，以启高尚之思想。

何以教物理？譬之植物有花，人皆知之。而花之根本、花之枝叶、花之果实，何以生？何以成？非受教育不能知也。又如动物，自虫类至兽类，或至微，或至巨，分无数等级。人为动物之一，而独具灵性，超然于诸级之上。普通学讲明此理，可以使小儿知人之所以异于物者何在，即观念之益也。且因物理可通生理卫生学，人身为多数机关构造而成，又有微生物具于气血之中，人能通知物理，自知保卫躯命，享健康之乐。未知物理者不能也。

凡物皆由原质化合，人既欲知物理，即不可不讲化学。讲明化学，则凡物之原质，皆可考见。如制造火药等类，常人视之，极为奇异。苟知原质化分化合之说，则不难解矣。

普通学有地学一科，地学中又分地质、地文两种。学者讲明地质，则于各种矿石及海底所生虫草，皆可悟其原理。

人欲知我国在地球居何等地位，则地文不可不讲。举凡人文地理、地文地理，一一考察，较之各国，自知我国山川人物农工商业，现居何等。国家进化，实由于此。

讲求历史，则知我国从古迄今之所由来。且可与各国历史参较其何者相同，何者大异，其同异之事，远因若何，结局若何，中间变幻层折若何。将来涉世，于民生国计，皆有准则。

且考究历史，可以分别人种，学者知我国人种与他种不同，即可因以生爱国之心。贵国历史与敝国不同，敝国皇统绵绵，历千万祀而不易。贵国一朝有一朝之史，古今若不相属，然总之须养成一种爱国心。读贵国之历史，可以知世界最古最大之国，莫如贵国。今虽积弱，不可不勉跻富强，则历史即富强之根也。

历史即富强之根也

普通学苟未全，则入高等专门学校也必难成就。犹造物而基础不固，必不能为五层之楼。即使勉强从事，亦必有栋折榱崩之患。

贵国现办学堂，鄙意宜先办小学与高等师范，盖师范即小学之母也。高等科目，宜先讲文科、理科各学，法、医二科，尤为要务，或于大学置此科。师范乃特别教育，不独教普通学问，须教至高等学问之要点。

师范之学，以年为准。如教六七岁之学生，应用何等学问，即须教何等学问之师范生。教十一二岁之学生，应用何等学问，即须教何等学问之师范生。故师范之特质，在各种浅深之学皆当讲求。

师范又有一种特质，即乐于教人是也。教师范生者，须使学者即讲求普通之学，又乐于以此教人，始不背师范教育之目的。

大凡治实业者，懋迁有无，一旦即可坐拥厚赀。学专门者，简练揣摩，计日即可洊擢高位。唯小学校教员不然。一学师范，即有所谓义务教育，毕生勤苦，训诲教授，而充其所至，必不能如实业家专门家所获之丰。夫人孰不乐丰衣肥马，高官厚禄，而甘为此清苦之教员？故师范为人所不乐学者情也。人情若此，势必予教员以厚脩而后可。然即以日本论，全国小学不下数万区。使此数万区之教员，皆必酬以厚脩，则财力有所弗逮，故教员之不能得厚脩者，势也。

国家之盛衰视国民之愚智国民之愚智视教员之贤否

国家之盛衰，视国民之愚智。国民之愚智，视教员之贤否。今以少数之俸给，俾教员以绝大之任寄，非有善教，人谁乐从？故师范教育，必使学者遗弃世俗荣利之见，勤恳俭朴，养成一种高尚思想。苟为不然，则师范教育必难发达。

凡人欲望约分二种

凡人欲望，约分二种：一种形体之欲望，一种精神之欲望。形体之欲望，往往与精神之欲望反对，绝去形体之欲望，则精神之欲望自然奋发。教育者，即精神之欲望也。师范教育，宜使师范生绝去形体之欲望，专一精神之欲望，庶中小学校之学生，皆受其益。

宇宙最大之事业无逾教育

教育之事，在常人视之，极为无谓。而在教育家观之，则宇宙最大之事业，无有逾于此者。试以军事家论，军事家战胜攻取，以卫国民，所系可谓重矣。然军事家所保全者，数十百年已耳。数十百年以后，其功业泯灭，殆如白驹之过隙。人民所享之幸福，非复曩之军事家所造就矣。譬之贵国汉高祖、光武、唐太宗、元太祖诸人，丰功伟业，非不震烁一时，然时移代易，则其泽斩焉。孔子一布衣，讲求教育，万世之下，学者宗之。盖教育家之支配人心，其用迥出诸家之上。人类苟不灭，其教断乎无绝期也。不独中国，即欧洲人亦若是。以昔之梭格拉底、阿里士多德、斯宾塞诸人之荣盛，较之亚历山大、拿破仑，其相去何可以道里计！然而亚历山大、拿破仑之功业往矣，梭格拉底、阿里士多德、斯宾塞之功业，至今犹在也。教员悟此，自知教育为唯一之伟绩，举斯世之荣利，均不足以动其心矣。

昔有弟子诘其师曰："世界之事多矣，若政治，若法律，若经济，若农，若工，若商，何一不可发名成业，先生何一切不顾独措意于教育乎?"师曰："子言诚是。然吾试质子，吾曩者教子之学，与子今日所治之事，其亦有相接之影响乎?"弟子曰："某所治之事，固无一不由先生教也。"师曰："子知此，则知吾所以措意教育之故矣。子所谓政治、法律、经济以及农、工、商之实业，皆一人之事也。一人治此事，则亦止于此一人而已。吾专事教育，虽于一己无非常之荣利，然举子所谓政治、法律、经济、实业诸家，皆赖吾之教育以有今日。则是以一人而包孕数百千万人之事业也。世界之事，孰有大于此者?”教育之乐，虽与形体之欲望不同，然人之精神，大率具有此乐。譬之场师，讲求种艺，日视其卉木之滋长，则欣然乐之。又如牧人，究心刍豢，日见其牛、羊、鸡、犬之小者大，弱者壮，稚者字，少者多，鲜有不兴会勃发者！教育家以学授人，使人能发荣滋长，是亦养成高等之动物也。其为可乐，视场师、牧人又何异乎?

教育之乐

且凡事有利己，必有损于人。惟教育不然。譬之渔师捕鱼，矿人采金，此占多数，彼必居其少数。教育家则多教一人，即使他人多获一人之用。故人皆乐其教人，而不虑其损己。

欧洲强国师范学校最多

多设师范学校以教国民，乃国家第一要义。欧洲强国，若德若法，师范学校最多，教法亦极完善。敝国兴学卅年，尚不能及贵国办学堂。能多设师范学校，教育方有端绪。虽多縻金钱，亦不足惜。

初等师范，教科与中学大致相近，惟多教育学、教育史及教授法、管理法、心理学诸科耳。教师范生，须先讲明教育学大概，然后讲教授法、管理法，次及心理学，心理学视诸科尤为重要。

管理法与教授法相连，而管理所包者广，非若教授法只属教生徒一端也。学校中不独学生有事须取缔，凡关于校中之事，皆须有法以董之。

管理法不可泥定，须视学校之特质而设。如法律学校，则注意于法制。陆军学校，则注意于军事。逐步改良，方为善法。

管理法有二目的：一则管校中各事，一则管学生各事。校中各事，如核分数，定功课，募生徒，用教员，配教授之时刻，定学生之食息，皆是。学生各事，如出学入学，上班下班，一应规矩，皆归管理者督率。

聚多数之生徒，以一师教之，其中强弱不齐，驯劣各异，非有善法，不能统一。故师范生必知管理法。

师生讲授，期于融会贯通。教一人而他人不明，授一科而诸科未达，非良师也。故师范生必治教授法。

敝国学制：小儿自六岁至十四岁，谓之义务学年。凡入学满一年，为一学级。各处小儿入学者多，一校之学生，往往分数年之学级。故寻常高等小学，又分单级多级二种。一校有教师，一师任一级者，谓之多级小学。一校仅一师，一师教数级者，谓之单级小学。 日本学制

单级小学之教法，颇多困难。为教员者，当以学生之年限，分学生之坐次，或一二年，或三四年，以次分班，毋或紊乱。其授课程，亦当分析层级，随时变通。如教一年生习字，则当其摹写时，即可以读本授二年生。二年生读书，三年生即可学诵。教员乘其暇，又可授四年生算数。以此类推，则教员可不劳，而诸生皆受教矣。 单级小学之教法

师范学校寻常高等之外，又有实业师范。昨浑言两种

师范，今可析言之。

实业师范学校

实业师范，与初级师范不同。初级师范，只学普通学。实业师范，则一壁讲求实业，一壁研究师范。故实业师范，不啻合实业学校与师范学校而为一校也。欧洲各国，有实业师范学校，敝国现尚无之。实业学校所需教员，多取之于各实业学校中之教员养成所，如高等工业学校、高等商业学校之教员养成所是也。

实业学校与专门学校之别

实业学校，与专门学校无大差别。现所以分学业与专门为二者，凡教地产上之学问者，谓之实业学校，如农、工、商是。其非地产上之学问，若美术、音乐、邮便、电信以及海陆军之学校，皆谓之专门学校。

商业学校所教科目

商业学校，所教科目，为商业道德、商业历史、商业地理、商品学、物产学、商业簿记、法制、经济、银行诸科。凡有关于商业者，皆教以大概，使之立商业之基础。

农业学校所教科目

农业学校，所教专重农事，旁及家禽学、农艺化学、山林学、水产学。山林学有另为一学者，有附于农业学校者。水产学初等附农业，高等另为一学。高等初等中，均分二种。一近海，一远洋。近海者止行沿海，俟鱼至则捕之。远洋者，求鱼出产之区，往往远涉重洋。近海学又分三种，一捕鱼，二鱼尽而种子，三制为罐鱼。

工业学校所教科目

工业学校，所教若织布、烧磁、电气、化学诸科，不可枚举。凡止知以电气、化学制物者，归之于工业学校。至电气、化学之原理，则工科大学有专科教之。

工业有造船一科。现敝国有商船学校，专治此学。工科大学亦有造船学。

美术学校，有绘画、雕刻、髹漆诸科，所以研究各物由粗恶而精美之术，以启人高尚之思想。故校中制物，皆极精美。其制寻常实用之物，则归之工业学校。

美术学校所教科目

音乐学校，所教概属西洋之音乐，敝国之音乐，仅供参考而已。

医学校分别甚多，有妇人科、小儿科、产科等类，然大要不外贵国所谓内科、外科也。敝国维新之始，即遣生徒至欧洲学医科，故医学最为发达。专门学校之外，帝国大学亦设医科。世界各国医学，以德国为第一，次则敝国，馀不及也。

专门学校，若政治、法律、经济、文史诸学，敝国尚无官立者。惟私立学校有之，早稻田大学，即专门之学也。

帝国大学，分为六科。大要目的有二：一则造就实用之人材，一则研究高等之学理。如法科学生，讲求法律，卒业之后，或为辩护士，或为高等官，皆实用之人材也。学士、博士，研究法律，著书立说，则高等之学理也。理文诸科亦复若是。然二者之中，专重学理，不重实用。实用之人材，取之各种专门实业学校，已敷国家之用。大学惟在养成高等教员，以成纯粹之学质而已。

大学专重学理不重实用

法、理、医、文四科，各国大学皆有之。其中或合理、文为一，或析为二。微有不同，然总不外此四科。至工、农二学，则惟敝国大学有此科，欧洲各国无之。盖

大学分设六科

工、农之实用，高等学校已具。其中精理，可于理科研究，大学无庸另设也。敝国所以设此二科者，不过取学科之完备而已。

分科大学，实系合六专门而为一校。议者多疑此六科者，何不各为一校？不知此事原有二因：一则各国相沿之法，皆合诸科于一校，故日本兴学亦仿行之；一则专门之学，务取贯通，若各为一校，则治工业者只知制造，治农业者只知树艺，此外学问，一无所知，于原理实用，皆有隔阂之处，故必合六科为一，使学者于专攻之暇，旁搜博考，则所见富而所得多矣。

大学经费至为浩繁，如工科理科所须器具甚多，苟不完全，即不足称大学。故大学所縻经费，有倍于六专门之校者。

但凡设立大学，须有层级，不可躐等。如小学生徒卒业，升入中学，中学生徒卒业，升入高等，则高等之上，自必设立大学。若中小学尚未立，便欲立大学，则虽名为大学，其实所教者无异中学校、高等学校之功课，徒縻经费，甚属无谓。

以上所讲，皆文部省直辖之校。至海陆军学校组织，则与文部所辖不同。

海军学校

海军有海军兵学校、海军机关学校，海军兵学校，所以养成将校；机关学校，所以养成机关士。凡中学卒业者，皆可入之。二校学生卒业，皆可任海军之职。如求为海军大将，则入海军大学校。

陆军有士官学校及幼年学校。幼年学校与普通中学程度相近，而重在为陆军之预备。幼年学校卒业，即可入士官学校。士官学校卒业，即可任陆军之职，如欲为参谋部官，则入陆军大学校。 陆军学校

贵国应办学堂，中学、小学最要，次则实业，又次则海、陆军。盖实业学校多，则出产盛而制造兴，为国家致富之基础。海、陆军学校多，则兵制精而将才足，为国家自强之基础。皆不可偏废者也。 中国应办学堂

又其次则法政、经济学最宜讲求。国所与立，在法律与政治，而经济尤为治国之本。贵国于法律、政治，近虽颇有学者，然不过翻阅新译之书，稍知大概而已。欲兴此学，仍宜立学堂以教之。

法政、经济学校之外，医学亦不可少。贵国古来专门医学甚多，近来则罕覯精研医理者。卫生一道，缺焉不讲，每遇天气不时，则瘟疫盛行。此事于国民之盛衰，关系匪浅。

贵国如欲立农工专门学校，目下可不必定求完备。先就普通实业上讲求，嗣后自有进步。

予去岁游杭州时，闻浙省设立养蚕学校，均用新法，甚佳。若能逐渐推广，切实举行，贵国由此致富，必可操券。

至高等师范学校，可设文理专修科。一面造就中小学教员，一面造就文理学士，数十年后，教员既足，学士亦多，再合实业学校高等生贡之京师，聚于一校，即与各国

分科大学无异。此节费而核实之办法也。

日本学校种类

敝国学制以上所讲略备。至学校种类，大别有三，即官立、公立、私立是也。

官立学校

官立者：政府以国家经费设立，如帝国大学、高等学校以及农商诸实业、音乐、美术诸专门之校皆是。此类学校所用经费甚巨，非一人一家所能创办，而又有不能不设之势。故悉属于中央政府，以便筹措经费。

公立学校

公立者：府、县、郡、町、村、市所立之校，如师范学校、中学校、高等女学校、高等小学校、寻常小学校皆是。广土众民，不可以无教育。国家又不能筹此巨款，为各处遍立学校，故高等以下之校，归地方自筹经费立之。

公立学校有两种：一则遵政府之命而立者。一则因地方之宜而立者。如该地已遵政府之命，设中小学一所，而生齿繁盛，向学者多，自必添设中小学。即所谓因地方之宜而立者也。

私立学校

私立者：非国家所必设之校，其经费皆有财力者筹之。但国家与地方，亦有赖于私立学校之补助。

小学校为全国人民所必不容不入者，故谓之义务教育。以敝国全国小学计之，大抵公立者多。其学习院附属之小学校，华族女学校附属之小学校，则官立也。

中学校高等女学校虽有私立者，然大抵公立者多。

官立学校，大都辖于文部。公立学校，大都辖于府、县、郡、町、村、市之长。府、县、郡、町、村、市之长，亦皆受命于文部。

文部首领为文部大臣。大臣之下，有总务长官，受大臣之命令，总持各种学务。总务长之下，有局长。局有三：一专门学务局，二普通学务局，三实业学务局。局设一长，以领学务。局长之下，又有参事官、书记官、秘书官、视学官、图书审查官、卫生顾问等官。 文部省机构设置

府县有知事，主地方行政之事，而兼管学务。另有视学官，则专管学务者也。府、县视学官与郡视学官微有不同。府、县视学官管理学务，兼有教育行政之权。郡视学官，则无行政之权。 府县学务

地方行政官，至郡长而止。郡长之次有市长、町村长，皆由地方公举，非国家命官。

教育行政机关大略如此。时日迫促，不能细述，俟遍观各校再详言之。

日本考察学务游记

癸卯即光绪廿九年赴日考察缘起

光绪癸卯正月，江南高等学堂总教习江阴缪筱珊（荃孙）、提调南陵徐积馀（乃昌）奉署两江总督张公咨赴日本考察学校。初十日，自江宁赴沪。分教习侯官孙孝霭（筠）、王光宇（良英）、江阴张小楼（楠）、译书局分纂丹徒柳翼谋（诒徵）、中学堂教习江宁侯健伯（巽）、小学堂教习怀宁舒伯琴（广元）同行，并挈一仆、一剃匠、一庖人，共十一人。

乘坐日本邮船东行

十七日癸酉　晴。趁日本西京丸行，日本邮船株式会社船也。午正，展轮出吴淞。由茶山向正东行。日本船窗户虚明，几榻精洁。分头等、二等、三等客位。旅人姓名必书舱面，兼载明开往何处，谓之“出帆报告”。又每食必陈一纸几上，谓之“献立书”。献立书者，犹中国云食单也。

十八日甲戌　晴。无风平甚，亥刻，南面有山，见

29,1,19

塔灯。

十九日乙亥　晴。晨抵长崎。山水雄杰，有类香港。四围青绿，图画天然。有医士验病，旅人坐舱面俟之。然验甚草草，行后方准入口。上岸见中国领事邹筱村（振清），询风俗，在署早饭。筱村为电致神户蔡领事。又发东京王惕斋（仁乾）信。访去岁延聘东文教习白河次郎寓所，约同赴东京。酉初，开行。 抵达长崎

二十日丙子　晴。晨抵马关。医士验病如长崎。停轮载煤。小舟运煤者麇至，上下输纳约数百人，井然有条，无一哗噪者。船中事务员松永君云：马关对岸为门司，门司多煤矿，贫民赖以糊口，运送工价人七八十钱（约合中国银一圆）。视吾国工人所得盖数倍矣。午初，开行。天霁日暄，绿波浩渺。时见帆樯出没岛屿中。唐人句云："水如碧玉山如黛。"仿佛似之。 抵达马关

二十一日丁丑　晴。晨抵神户。验病同。登陆，先至中国领事署，见蔡咏南（勋）。电陆师学堂留学生监督姚文甫（煜）。坐甫定，有大坂报馆访事人径入听事，询予等来游颠末并中国近事，录诸手版而去。日本全国报馆林立，主笔者咸有采访权，事无巨细，悉可直书无讳。昨抵长崎，已见于今日报纸。消息之捷，可以觇国之所由兴矣。乘急行车赴东京，过大坂、西京、名古屋，循富士山行，屡洞山腹过。大雪尺许，山尽白，亭亭如玉柱。又过大矶，风景绝佳。 日本报馆林立事无巨细悉可直书无讳

二十二日戊寅　晴。早，滨大海行。巳刻，抵东京新

桥车栈。王君惕斋来迎，偕赴京桥区木挽町厚生馆。入户必释履，席地坐。陈设雅洁，室无纤尘。电江宁学堂总办胡研生粮储。

二十三日己卯　晴。偕积馀附火车，至横滨。一时即至。见中国领事张赓三（义澍）。到中华会馆，复到中华学堂。分宁波、广东两帮，皆读《三字经》、四子书，长者读西文，岁费四千馀千。未刻，西京丸到埠，收取行李。海关查验，严而不扰。晚，回东京。横滨、神户、长崎、大坂约有中国六千馀人，闽、广、宁波居多。东京仅有留学生，亦千馀人。

东京中国留学生千馀人

二十四庚辰　移寓南小田原町四丁目五番地。怀宁叶树涛（善镕）来。先是，二十一日，日本彰仁亲王以脑病薨国中，楚歌舞三日。据报纸云：王为故伏见宫邦家亲王第八子。弘化初，仁孝天皇取为养子，赐名嘉彰，封亲王。明治初，任军务总裁，改兵部卿，充征讨大将军，称东伏见宫，后改称小松宫，继炽仁亲王为参谋总长，以功赐菊花章，称元帅，游历欧洲各国，所至有声。及薨，天皇为之辍朝三日焉。交白河学士正二月脩金，取收条，谓之“证书”。

二十五日辛巳　晴。使馆随员铨雁坪（林）、袁子文（湛恩）、姚文甫来。金陵张尊五（修爵）来。午刻，行李到。晚，同人议看学堂宗旨。

二十六日壬午　晴。谒钦使蔡和甫（钧）、监督江伯唐（大燮），长谈。访书肆，循马车铁道行约数里，见马

29,1,26

车往来如织，乘者按地购券，一区十钱，法颇便。念金陵街衢广阔，若仿行之，亦交通之一益也。晚，游大街劝工场。劝工场者，百货丛荟处也。随地势为弯环，五光十色，瑰怪陆离，令人目眩，都城不下数十处。劝工博物，国人便之。吾华此时纵不能遽兴赛珍会，此事似宜仿行。

劝工场（百货商店）

二十七日癸未　晴。至本乡区高等师范学校，访校长嘉纳治五郎，表明考察学校之意。坐次，嘉纳君电话达外部，询往见期，覆云："翌日九点钟。"嘉纳君并约同往。健伯录其室中本学间割表。访国光社，支配人阿多广介购《日本学制大纲》。午后，访姚文甫于八幡宫，地踞山巅，极轩敞。又访夏地山（偕复），亦在山，极幽邃。古松夹道，流水溅溅，则相同也。日本邮片，以青蚨十五枚购一纸，书置受箱，少顷，即有邮使代达，举国便焉。

二十八日甲申　晴。偕积馀、小楼到日本外部，见总务长珍田君（舍己）。嘉纳君在座，面递学堂单，约后日同至高等学校定议。钱念劬（恂）来，言："中国教育现在宜专重国文，宜广开学塾，宜编定课书。不宜修广厦，不宜延外人，不宜重洋文。"诣国光社，偕阿多君访伊泽修二（字乐石），为日本著名教育家。伊泽君招吴止桀（振麟）来译谈，问伦理何以编书？答明治二十三年，天皇颁教育敕语数十句，下以史书时事论断。中国有圣谕广训本之，以成书较易。途次，所见各铺，剃发曰理发廛，洗衣曰洗濯廛，卖牛皮曰革商，卖假发曰髢商，鬻鱼曰鱼林，刻字曰剞劂铺，卖故衣曰褴褛商。锡名典雅，殆皆沿

商铺取名典雅

用古制欤!

二十九日乙酉　小雨。晚，晴。外部属岩村成允(子功)来，订看学日期并导观各校。岩村能中国语，曾留京师六年。访连仲三(捷)于宏文学院外舍。见钱念劬，言:“日本帝国大学，造就人才，细密沉挚，微嫌拘谨。早稻田大学，天骨恢张，与美国学校相通，而有自由平权宗旨，第在日本，则流弊尚少。庆应义塾幼稚舍最精善，成城于中国学生，缩五年功课为二年半焉，得纯熟同文，清华更属儿戏矣。”

岩村成允能中国语

二月丙戌朔　大风，晴。赴高等师范学校。岩村君、白河君先到。(二君以后视学均同行。)偕谒圣庙，昌平旧学也。大门曰入德门，二门曰杏坛，再进为大成殿。宽永七年建，阶、戺、廊、庑犹是中国规模，不图于海外见之。又导观陈列场，教育博物馆即设于圣庙之两廊。又观动物实验室、动物标本室、地学室。与嘉纳君订分日视学期。游九段国光馆，观庚子天津战役油画，其法张画于暗室，用透光法逼现画中彩色，凭栏远视，惟见炮火迷离，田庐狼藉，联军跃马驰突，不见有中国一兵。间有一二裹红巾、披辫发、仆地不起者，则联军所毙拳匪也。日人以此鼓励国民。有游者，则命一僮演说日军战胜之状。吾辈至此，惨愤交集，归时当以此普告国人，使知国耻民艰，急宜振奋，不可如故之泄沓也。

观庚子天津战役油画

二日丁亥　阴。游帝国图书馆，藏书八万馀册，读者日二百馀人。宋元本十馀种，中国书百馀种，馀皆和、

游帝国图书馆

29,2,2

英、法、德文。读汉籍者亦罕见矣。游上野公园，园中夹道森林爽溢襟抱。由德川氏家庙入动物院，观各物豢寄所，凡三十一处。间房曲径，结构天然，所豢生物，鸟类则鹤、鹳、鸿、鹭、鸡、雉、鹦、驼鸟、㶉鶒、凫、鹥，兽类则狮、象、橐驼、猕猴、狐狸、驴、犬、豪猪、麋、鹿、熊罴。北极所产，西洋所携，或出印度，或来高丽，区分种类，尽怪极奇。次入博物馆，内有宋本《玉篇》、《广韵》、《太平圣惠方》，均极佳，磁器、古镜、古钱尤多。园旁有不忍池，临池有寺，名天龙山寺，门风景极幽靓之致。寺有碑五：一、《半仙先生衣帻之藏碑》，嘉永三年绫濑龟田梓撰，中根闻书；一、《霭厓山人退笔冢铭》，嘉永三年水竹拙者撰，玉冈道人集临右军书；一、《爱莲说》，天保六年平岩伯尹记；一、《虚冲轩先生碑》，文政二年立；一、《登二荒山观三泷作歌》，撰者及年月皆不详。五碑书法皆极工，中根闻隶书尤有曹景完碑神致。寺后又有一碑，大书“芭蕉翁”三字，日本有名诗人也，字亦圆劲。晚，雨。 入博物馆

三日戊子　阴。游浅草公园，门侧及庭际多塑偶像，纪日本古代名贤事实。隙地笼置鸟兽，别院列盆卉极多。动物皆上野所有，惟虎、豹、獭、狒狒、狼、狈六种，上野无之。又有水鸟似鹅而大，颈悬一袋，色甚红，每食则延颈张口，以袋取物，游泳水中，不知何名也。晚，雨。 浅草公园

四日己丑　晴。赴文部省，见总务长官冈田君（良平）。观印刷局，局长派员导观。初至官报编辑所，底本 赴文部省

累累，然诸编辑者以朱笔标题点窜，部居分别，各无停晷。次至检查所，岩村君云："官报事件，皆据各省部报告。编辑有讹迕者，则归检查所核之。"次至铸字所，内有一新机器，制罗马字母者，日人购自美国，仍延美国工师董之。铸字所侧为印报所，云机器速者，每一时可印二万张。次至医院，云工人入局，必先至院中检查体质强弱有病与否，然后收用。每日赴工，亦必入院验看。院中有医士二三人，别室列量力表及身度。次观石印与铜板印，次观制邮票所，印者、切者、裹者、凿孔者，皆以女工为之。工手着白衣，工师黑衣，按部就班，绝无惰懈嬉戏者。中国近日议行钞票，京师及直省多浼日本印制。局员出以相视，模式精细，度非中国所能及。然凡事假手外人，利权因以外落。沪上屡闻有伪票，皆日人私行仿制者。当国者何不虑及此！

工人入局检查体质

五日庚寅　晴。趁上野火车，至王子观印刷局之造纸处，偕往者为连仲三太守（捷）、见局长得能君（通昌）。局长先导登楼，观各种原质，下至敝布、朽木、稻草之属，均克制纸。其间以三椏皮为最洁白，木棉次之。局员旋导观剉切室、湔洗室、蒸煮室。又一室皮绝大，机器大小凡百馀轮，将所蒸成之质，倾注其中，俄顷成纸，而熨、而烘、而切具备，真便捷也。又到发电室，每动机关，电光辄照曜夺目。到试验室，试其纸之坚韧与否。最后到会计室，半系女子簿录句稽，均所夙娴。局长云："日本男女四千五百万人中，女子约二千万人，皆有职

观造纸处

日本女子皆有职业

29,2,6

业，此其一端。”局明治八年建，迄今凡二十八年，而规模大备矣。日晡后，至麴町区嘉纳君宅听讲（讲义另录）。

六日辛卯　雨。观警视厅，其第二部长松井君导观外国语教习场、刑争巡查教习场，又一场教吾华之学警察者，湖北十人，北京六人。次至消防署（御火灾者）。至警察员会议所。至各种试验所。市廛各物，必验明始卖。时正验海带，因其绿色太过，惧毒人。至发电所。局员云：“每日警察事传电，少则五百起，多则一千。”至发车所。一分钟时，消防手能驾齐出门，因戏发号音集诸人驾车，以供吾辈一观。观毕，松井君复演说警察事，一曰政治警察，二曰刑事警察，三曰行政警察（内有风俗警察、营业警察、交通警察、危险物警察、制造所工艺警察），四曰卫生警察（内有传染病警察、兽医警察），五曰消防警察。语甚详。警察初用手枪，继用木梃，今用力，并议设骑马警察。晚，听讲。 至警视厅参观

七日壬辰　晴，冷。至巢鸭，观监狱署。署系二十一年改建，是为中央监狱署。国中有监禁十一年以上罪者俱归此。凡占地六万坪，罪人一千八百名，管理官二十一人。狱官导以往，大门为铁栅，门穴于下，入者皆须低首。守栅者二人。犯人衣赭。罪满而愿留事工业受教育则衣蓝，各致力于工作。内有工场六。第一工场为铁工（如制洋钉之类），第二工场为织工（如织布、纺纱、制布包之类）、木工，第三工场为竹工（如制篮箕之类）、 参观巢鸭监狱

纺工，第四工场为铁工（有制枪者，有为洋伞柄者，较第一工场为大），第五工场为舂米之事，第六工场为制豆腐之事。每工场有狱官数人监视，极其肃静，望之俨然一大工场，其为工所获之值，半充经费而存其半，俟出狱时给之。此外造饭、汲水、种菜、洒扫、运物，皆犯人为之。炊室有狱官一人，记食量加减表。饭则麦米相杂，惰者减其食以惩之。每日约五点钟起，八点半钟寝。日曜日亦休息。惟不准外出，亲族得入内省视。寝室一间，约容九人。室外有牌，上书号码。各号犯名，书于里面，终日盖覆，不使人见，以养其羞恶之心。室中每日有人检阅一次。楼上犯人数十，成排而跪。狱官令每日轮流静跪二刻，使之内省也。二层楼上，仿小学校制度，教十六岁以下犯人，导以善事，使其忏悔；授以文理，启其知识。又有监病狱一所，极洁清，每日有医诊治，另给饮食。病人有欲阅书者，则向司狱索之。凡初入狱者，恐其有传染病，必先住此五日，然后入工场。居处洁净，不至秽气，熏蒸可以免病，一善也；施之教育，导以悔罪自新之路，人皆戢戢守法，二善也；授以生业，使之将来可以谋生，三善也。我国之监狱，黑暗秽臭，狱卒陵辱，而处其中者又不尽皆死罪，有株连波及者，谳狱未终，而其人已瘐死。其幸而出狱者，既未加以教训，又未授以生计，则仍为从前之所为耳。故今日言施仁政，非自监狱始不可。然欲清监狱，必先警察部署有成，否则犯人手脚舒散，越狱甚易，且有不止越狱者。欲行仁政，固非一事一节之所能

今日言施仁政非自监狱始不可

29,2,8

为也。

八日癸巳　晴。至本乡区高等师范之附属小学校。校分寻常、高等二部，每部又分二部。小学卒业，必入中学者为第一部；小学卒业，可不入中学者为第二部。第一部寻常小学，学科为修身、国语、算术、历史、地理、理科、图画、唱歌、体操。高等小学科与寻常同，而加英语一科。第二部寻常小学，学科为修身、国语、算术、图画、唱歌、体操、手工。高等小学加历史、地理、理科、英语四科。别设裁缝科，则教小学女子者也。第一部寻常修业四年，高等二年。第二部寻常四年，高等四年。是日，嘉纳君遣教授波多野君导观各教室。初至第一部寻常科，一年生学极浅，心算教师绘盘一、果四，示加法。二年生学极浅，图画作梅，有肖有弗肖者。三年生作文，题为《廿六日小向井远足记》，盖其师曾率学童至此观梅，命记之。四年生体操。高等科一年生学国语，二年生修身。师为演说诸葛忠武事，有诘以"忠武父何名"者，师无以答也。午后，观第二部寻常科。一年生习字，二年生体操，三四年生抄所作文。高等科一二年生读修身书，后解"勤俭"两字，"救助"两字，"公财私财"四字。三四年生学舆地。有数龄童子发端，语用"热带"两字者。次到手工教室、裁缝教室、大讲堂兼唱歌室。时教员正授物理，解剖生兔，说喉咙发音处甚详，诸童均圜观焉。第二部男女共堂。教员云："美国男女共学，英、德、法男女分学。兹用美法。"通校都计六百人。启发幼

小学科目

童，不徒恃有学堂教育，兼恃有家庭教育。该校幼童父母并许参观，俾知学业如何，规矩如何。此亦开示家庭教育之一端也。

日本小学分多级单级两种

九日甲午　晴。至高等师范学校，观附属单级小学。日本学制：小学分多级、单级二种。一教员担任一学年或一学科者，谓之多级小学；一教员担任四学年兼授各学科者，谓之单级小学。多级一学年为一教室，单级则仅一室而已。该校亦分寻常、高等二部。寻常学科为修身、国语、算术、图画、唱歌、体操，高等加历史、地理、理科、裁缝四科。修业均限四年。予等初观寻常教室，诸生各按学年列坐，凡四班，六十六人。教员初教一二年生习字，次教三四年生习算。三四年生算毕，一二年生字亦成。次至高等教室，教员授一二年生舆地，三四年生皆执读本温习。次教三四年生作文，一二年生亦执舆地书参考。有不明者，师命他生指舆图析言之。后至寻常教室，观诸生图绘，教员以生鱼一、伪兔一置之讲座，一二年生绘兔，三四年生绘鱼。诸生钩勒着色，亦间有可取者。单级只山村、小邑之类，不得已而行之者。师范学校附此为不得已而行之者，示以模范而已。向午，回寓。文部省送书来。

十日乙未　晴。日曜日，停学。蔡星使招饮，偕积馀往。黎桂坞、袁子功、卞薇阁（绋昌）、吴瀚涛（广霈）同席。

参观东京府师范学校

十一日丙申　晴。至赤坂区，观东京府师范学校。校

29,2,11

中诸生方与春期试验，未能详观教授之法。午后，观附属小学校。该校分男女为二，男女各分寻常、高等二级。是日午后课程为体操、游戏。诸教员因予等往观，率诸生尽献其技，投球、角抵、跛脚、变装，阖场喧阗，而有兵家部勒之法。观毕，录该校及师范学校课程表数通归。明治六年，东京府创设小学校教员讲习所。八年，筑校舍于麹町区，始称东京府师范学校。二十年，移于小石川区。三十二年，始迁于青山町。校中敷地凡万二千三十坪，建筑经费凡二十七万八千九百五十七圆。校中分本科、预科二部。本科学科为修身、国语、汉文、教育、历史、地理、算术、几何、图画、音乐、博物、物理、英语、手工、习字、体操；预科学科为修身、国语、汉文、历史、地理、算术、图画、音乐、博物、物理、英语、习字、体操。本科修业四年，预科修业二年。据校长云，本年四月，拟改预科修业为一年。凡高等小学卒业生愿充师范者，必先入预科。预科卒业，始升本科。本科卒业，须充小学教员十年，谓之义务教育。此十年中，或愿入高等师范学校及各实业学校教员养成所，则可不充教员，馀则无论贫富均不得治他事。该校现有本科生三百二十人，预科生八十人。每生月给补助费三圆五十钱，寝具、衣服亦由校中制给。附属小学合寻常高等男女四项生徒，共五百馀人。寻常科不取学费，高等学费每生月输一圆五十钱。师范教员二十二人，小学教员十五人。小学教员之外，每班别设一教生，俾师范学校本科四年生充之。盖教生可补教员之不

本科预科均开设汉文英语

逮，而又可练习教授之法，此师范学校所以必附属小学校也。该校常年经费共五万三千馀圆，皆由东京府筹给。日本定制：国民有地若干，或营业得钱若干，岁出地方教育费若干。东京府所筹者，皆地方教育费也。师范学校另设一师范讲习科，盖专为贫士急欲谋生不能入师范预科本科者而设。高等小学卒业生有才识过众者，试入此科，修业一年，即可为寻常小学教员。此科定额五十人，现有五十四人。闻该校长云："现各处寻常师范生均已敷用，此项师范生无可位置。一二年后即拟裁撤。中国近办学堂，日虑教员之少，苟为急就计，正宜设此讲习科矣。"横滨领事张赓三招饮，附火车往。张君立（权）、卞薇阁、黎桂坞同席。还寓已过十二钟。

女子师范

十二日丁酉　晴。至小石川区，看东京府女子师范学校及第二高等女学校附属小学校。女子师范与男子师范科目大致相同，惟加裁缝、割烹、作法三科。是日校长林吾君不在，教谕导予等观各教室，特命诸生修唱歌、作法二课，留予等观之。午后二时，师范生集音乐室唱歌，教员坐弹洋琴，诸生执课本引声和之，疾徐抑扬，如出一口。记音节之方法，仿之欧洲。乐器皆自欧洲来，而曲中词义音节，则本国教育家、文家及音乐家所议定。三时，至作

作法教室观礼诸生行

法教室，观诸生行礼。诸生以三四人为家属，一人为主，一人为宾。宾及门，主人出迎，俯首至地，宾答如之。主人肃客入，客膝行前，主人从，及席，主人让客，俯首至地，客答如之，然后即席。家人坐进火具，先宾后主，皆

29,2,12

俯首至地。进具退，膝行三转而面外，然后敢立。次进茶，如进具礼。主人让客，客举盏饮，主人举盏饮，饮毕，家人进客馔。主人让客，客食之，怀其馀。家人复进茶，宾主皆饮。饮毕，皆降席，俯首至地，膝行三，然后起来，及门，复俯首至地。客出，主人还家，人撤具。予等亦出。日本维新三十馀年，事事效法泰西，而国中古礼相沿不废，且于学校特设一科，所谓国粹保存主义也。中国新学家动诋古礼拘拙，饮食起居无一不欲改从各国，可谓知二五不知一十矣。

日本古礼相沿不变

十三日戊戌　阴。至本乡区，观女子高等师范学校及附属小学幼稚园。幼稚园生徒共百七十人，半为绅富子弟，纳学费者半，为贫儿不纳学费。每日午前九时入园，午后归家。园中教员皆女师，助教则师范将卒业之女子也。予等初至二年级教室，盖教四岁至五岁小儿者。女师坐扶琴，小儿三四十环坐。四岁者三人共一矮椅；五岁者二人共一椅。女师唱歌，小儿亦唱。小儿唱不中节，女师辄张口举手作势示之。次至一年级室，则教三岁至四岁者。女师坐演说古事，小儿环听，有不明者诘难，不少假，师亦怡然谕之。次至三年级教室，则教五岁至六岁者。女师东向坐，小儿约四五十倚壁而坐。室甚阔朗，画地作一小圈，外作一大圈，女生三人倚壁立，女师鼓琴，女生率小儿循圈行，寻令携手环圈立，俯仰屈伸皆有法度。女师操《梅花曲》，女生歌之，小儿循圈错立为梅花式。倏歌茶花，则小儿亦作茶花式。琴声甫停，小儿哄然

幼稚园

幼稚园无读书习字课程

散，予等亦出。据该校干事云："幼稚园无读书、习字课程，惟教唱歌、游戏之易者，及古昔贤哲嘉言懿行浅显易晓者，使小儿身体发达，脑力活泼，渐知练习学校规矩。六岁毕业入小学，则其势如水之趋下，自不畏学校之拘苦矣。"次至高等小学，观诸生为击球、秋千之戏。又至各教室，有授读本者，有讲生理者，有课地理者，皆约略一观。午后，至体操场，诸生方作徒手体操，着白色窄袖衣，短悍精健如男子，然旁有一妇着西装，侧立伫视。干事云："是专攻体育者。近自欧洲考察妇女体操法归国，故来参观。"予等坐片时，后至自修室、食堂、盥沐所、洗浴所、炊饮所略观。晚，嘉纳君招饮。偕积馀往宏文学院。钱念劬、连仲三、张虞任、姚文甫、岩村、白河同席。晚，大雨。

参观东京府第一中学校

十四日己亥　晴。至麹町区，观东京府第一中学校。校长胜浦鞆雄君云："中学课程与师范学校无大差异，而目的不同。师范为教小学之师，中学为教高等之士。故教授实际不可一例以观。"该校创设二十馀年，卒业生约千三百人。其升入大学为学士，及由陆海军各学校卒业任要职者甚多。学生定额八百人，现有七百七十馀人，分二十一级，教员共三十七人。文部省定例：学童入高等小学二年，即可入中学。近年入学者多，中学校不足以容，故重定考试之例，学童非有高等小学四年学业程度，不能与考，故入学者大抵皆在高等四年。然亦有侥幸之士，怀挟秘本与考者。该校力惩此弊，凡募集新生及每年校中定期

29,2,14

试验休业，皆由教员严加监察，亦不能尽革也。校长导观各室，匆匆一过，未能详视。惟教物理及化学室少停。物理室罗列电线、瓶水于案，教诸生以发电之理。化学师以水酸化合法及青血、赤血盐化合法教诸生实验，皆极平易，无难解者。次至体操室，诸生方习兵式体操，擎枪植立，教员传习口号，旁有二三十生洗擦枪杆，均甚整暇。教员室有榜一，作擘窠字曰：“载色载笑，匪怒伊教。”此两语真教员方针也，谨志之。午后，观有马小学校（市立），校亦八百人，校长召全校生徒集阶下，为吾辈施礼焉。至放归时，师立表门内，生徒六人一班，脱帽对师行鞠躬礼，俟师答礼毕，乃敢行。馀所见均如前。

兵式体操擎枪植立

十五日庚子　晴。至上野公园，观美术学校。该校初称图画取调挂，后改称东京美术学校。明治二十一年，始自文部省迁于上野公园旧教育博物馆。校舍错杂，颇异他校。学科为绘画、图按、雕刻、建筑、美术、工艺，均限修业四年。初入学者，先修预备科一年。是日，校长正木直彦君导观各教室，凡分日本画、西洋画、图按、雕刻、雕金、锻金、铸金、漆工八科，画均用实物摹绘。其西洋画则油画也。雕刻、髹漆两处最可观。观毕，至精养轩午餐。窗外茶花与老梅红白相间，旁有曲径，蜿蜒通茅亭，循坡陀下，则不忍池暨天龙山寺在焉。卉木芨蓊，绿阴四绕，此当为东京第一游玩佳境。午后，至音乐学校。时讲师已撤席，无可观，仅睇生徒自修而已。人手一谱，筝琴杂弄，其乐大抵皆取之欧罗巴者居多。是日，地震。晚，

参观东京美术学校

大雨。

十六日辛丑　晴。至神田区，观商业学校。校中有商品陈列所二，各国所产暨日货之可贩运各国者毕具焉。教室较他处大，每一室辄容百馀人。

十七日壬寅　雨。日曜，停学。冯立甫（阅模）招饮于偕乐园。晚，大雨彻夜。

参观东京高等工业学校

十八日癸卯　小雨竟日。至浅草区，观高等工业学校及附属工业教员养成所、职工徒弟学校、工业补习学校。高等工业分染织、窑业、应用化学、机械、电气、工业、图按、建筑诸科，染织又分色染、机织二科，电气又分电气机械、电气化学二科，修业均限三年。工业教员分本科、速成科。本科分机械、建筑、染织、窑业、应用化学、工业图按诸科；速成科分金工、木工、色染、机织、陶器、漆工诸科。本科修业三年，速成科或一年，或二年。高等工业校舍经始于明治十四年，现方改造，规模宏阔，结构精细。盖该校建筑工匠皆本校生徒，故一切运以新意。高等学生皆中学毕业生考取，教员则中学生及寻常师范卒业生，职工徒弟则小学卒业生也。工业补习学校专课贫民之治工业而不能就学者，昼间作工，夜间入校补习工艺，其法颇善。闻政府贴四校经费每年约五十馀万圆云。午前，在标本室观电镀铜器及电气所制牛骨、牛皮等物。据云，牛骨制灰可为磷，日本呼火柴为“磷寸”，即此物所制。又有一种石炭，系合木炭、砂石以电气制之，其坚可抵金刚石。次至化学定性分析室，见一印度留学生

本科科目

29,2,18

试验药水，导者云："该校有三国人留学，中国及朝鲜、印度也。英灭印度，奴隶遇之，虽有才智，不得受高等教育。印度人出而留学，则英人贻书各国政府，诫各国毋得使之学政治、法律，仅以工商制造贱业教之而已。故印度人之在日本者，学业程度远不能如中国及朝鲜人。"亡国之惨，至于如此。午后，至电学科教室，观试电灯之光力。其法：置电机于暗室，发机燃灯，傍壁置长机，机一端置一铜镜，斜射灯光，一端燃一煤气灯，中隔一玻璃镜，以透两灯光线，然后以显微镜视玻璃镜中光度之多少，即得两灯光之大小。据试者云，此次所试电灯光力，大于煤气灯六百倍云。再至教员养成所及徒弟学校一阅，冒雨归。工业学生以半日听讲，半日作工。各科每周教授时数均三十九时，各学校无如是之多者。染织机械教室所列机械甚多，间亦参以手工。循视诸机械标题，如试染器、絮丝捺染机、木棉漂白器、汤通机械、木棉精练釜、瓦斯烧机械、酸化器。六挺杼木棉力织机皆英国所制，絮丝洗涤机、高压蒸汽机、绢付力织机皆独国所制，剪毛机、刷毛机、起毛机、洗绒器、毛布力织机皆白国所制，捺染机、绢丝纬机、力织机、四挺杼木棉力织机，皆瑞国所制。其本国所制仅有二种，盖日人能絜各国之长，用其新器、新法，故不必自制机械，即能争衡各国也。

印度学生

十九日甲辰　阴。至小石川区，观盲哑学校。该校本属私立，后辖于文部。初，明治九年，古川正雄等组织东善会，遂立训盲院于精养轩。至十三年，复许哑生入学。

参观东京盲哑学校

十七年，改称训盲哑院。二十年，改称东京盲哑学校。二十三年，始迁于今地。学科均分寻常、技艺二科。盲生寻常科目为国语、算术、讲谈、体操，技艺科目为音乐、针治、按摩。哑生寻常科为读方、习字、作文、算术、笔谈、体操，技艺科为图画、雕刻、指物、裁缝。修业均限五年。在校生徒现共二百八十馀人，内七十馀为盲者，馀俱哑者。教授之法：哑者以形济声，盲者以声济形。校中传号盲生以铃，哑生以旗，标识分明丹黄数色。将课时，教员以手挥旗为导，众从之入室，则教员以手作势，或书石板示之。诸生解者，亦举手相效，或据案急书。盲者教室，几皆顺列，无杂排者。诸生扶壁就坐，静听教员讲授。教员亦有盲者，辄戴眼镜遮之。盲人能习算、作文，其字皆用锥作点于纸，成凹凸形，纵横摩挲，即得文义。教室罗列模型、地图，每讲地理，亦以手按之。校长以盲人教育训盲字母、盲人旬报及哑生所绘扇分赠予等，予及积馀各捐赠十元，分教人各一元。旁午，游植物园。园本德川氏别墅，广十馀万坪。近政府以其地为公园，置大学理科植物学教室于其中。是日，大学特派一生导予等往观。初至，事务室题名。次观图书室，其书皆西文。廊下列草木数十种，浸以药水，鲜妍如在土中。次至讲义室，室中悬植物图，无虑数百幅，纵横错杂，多绘卉木文理。次至标本室，列橱数十庋，木片及干叶，区分类别，皆有标识。次至实验室，有一生以盂水浸蚕豆，未知作何试法。次至养花温室，一启户，热气逼肌骨，脱帽挥扇犹不

参观植物园

29,2,19

可耐。室中满植花树，大半不知名者。兰蕙多至数十百种，或寄生于树，或倒浸于水，或作红紫色，或作纯白色。询之导者，多台湾产也。大学生徒到此，处处实验，视读寻芳谱、南方草木状诸书，殆过之矣。有树五，皇太子手植，围以栏，甚宝护之。循坡陀下，径盘曲，闻雨声，是处瀑布数丈。有小池，有茅亭，客可暂憩。四望皆古木，绿云如幕，时鸟变声，佳境也。典园者云："此即德川氏故居。"

二十日乙巳　晴。至京桥区，观商船学校。该校在海滨，分航海、机关两科。讲堂上有月岛丸诸生徒象。月岛丸者，去岁驶赴北海，遭风覆没，不知所终者也。今貌此悬诸堂以示记念。日本鼓舞人心率类此。前者覆，后者复前，宜哉。校外有天文台一，气象台一，刻鸠工尚未成。有船坞，坞有练船，专供该校学生练习之用，曰明治丸，以明治天皇曾趁是船也。学监大冢录五郎特导予等循览一周。午后，至水产讲习所。该所分捞鱼、养殖、制造三科，有煮盐者、制革者（取海兽皮为之）、蒸蜡油者及结网、制罐之属，多用汽机。其实验室几案隅必置自来水管，以便湔濯。另有实习处，在各海岛（学生在所习二年，到实习处习一年），规模壮阔，尤过商船。该所长为牧朴真君。导观毕，语予辈云：早岁游欧美，遍采各国之长，至此荟萃之。日本前十馀年，曾有渔业学堂，办法未备，洎今日庶臻完善焉。夫殖财兴利，国家要图，至水产不过兴利中一端耳。然去岁创办时，政府颁发一百六十万

参观东京商船学校

参观水产讲习所

圆，曾不少吝，觇国是者即此，可知其所由兴矣。冯立甫译小学堂章程来。

参观东京第一高等学校

二十一日丙午　晴。至本乡区，观第一高等学校。各国学制，普通学至中学校而止，高等学校则大学之预备科也。日本全国高等学校凡八区，课程大致相同。考文部省令，高等学校大学预科之学科分为三部：第一部课法科大学及文科大学志望者，学科为伦理、国语及汉文、外国语、历史、伦理及心理、法学通论、体操。第二部课医科大学之药学科，工科大学、理科大学、理工科大学及农科大学及农科大学志望者，学科为伦理、国语、外国语、数学、物理、化学、地质及矿物、图画、体操。第三部课医科大学志望者，学科为伦理、国语、外国语、罗甸语、数学、物理、化学、动物及植物、体操。各科修业均三年。该校经始于明治八年，称东京英语学校。十年，改称东京大学预备门，十九年，改称第一高等中学校。二十七年，始改称第一高等学校。教员七十人，生徒九百六十馀人，中国留学生四人，韩国留学生一人。是日，该校教授今村有邻导观各处，均未见师徒讲授，惟化学教室方开讲。至定性分析室，有一生燃煤火烧玻璃，引为细管，旋吹其端作圆泡。据云，玻璃着火，红而不热，以制瓶管，可任意为方圆形。予思此物非难制，而中国近办学堂所需化学器具、玻璃瓶管，则一工人足矣。何屑屑输金币于外国为！该校有图书室，又有书库。今村君导予等往观，则《图书集成》《二十四史》《皇清经解》及各家诗文、别集、

罗甸语即拉丁语

29,2,22

总集皆备。中国藏东西各国之书，未能如是之多也。

廿二日丁未　雨。观邮便电信学校，是校建于明治三年，二十三年更添电话学（即中国所谓“德律风”）。邮便学科为作文、数学、英语、法律、邮便电信、行政、内国邮便、外国邮便、为换贮金出纳事务、统计、兵式体操，佛语随意十二科。电信学科为作文、数学、英语、图学、电气学、电信工学附电语电气通信技术、电气实验、内国电信、外国电信、兵式体操十科。初入，至参考室，见各种电机、电灯、生电机、无线电报、海底电线（海线敷设浮于上者也，较粗，以有浪冲激）、查海线断绝机器。继至电话实验室，学生彼此用电话传语。电话机有二线，线必连以电池，借电力以传话。一人以机拆视，上有二口，一可容洋银五分，一可容一角，按数投下，即入机内。若互易投之，即有机拨出。投时一角与五分之声迴别，可闻而知，投者不能作伪。又至电信实验室，分二处：一为三年生，一为一年生。三年生以英字传电，一年生以日本字传电。电信机系以手按机上活栓，此端按为点或按为直书，彼端有短针应之，传其点画于线上。线连于电池，以电力传至受信机。机上发声短者即点，长者即画，合点画计之，即电码也。一学生按机发电，一学生听声记码译出，所以资练习也。校长冈光君称：是校人数凡三百馀，居寄宿舍者有百五十馀人。在校学生每月官给月费八元，每年仍缴学费廿元或廿五元。衣服、饮食概取于校内。卒业后，报效国家五年，月俸只二十元。五年后，

参观邮便电信学校

电信机

再优给薪水。校中经费年约十馀万。通国只此一所，并谓中国人来学，当与本国学生一律看待。

廿三日戊申　晴。访竹添君不值。晚又雨。

廿四日己酉　晴。约吴瀚涛、卞薇阁、王惕斋、叶树涛饮偕乐园。

参观宏文学院

廿五日庚戌　晴。观宏文学院。院中本科学科为日语、算术、博物、化学、图绘、体操，师范学科为师范讲义、算术、博物、物理、化学、体操，警务学科为读本会话、世界史、算术、文法、地理、警务、体操。本科每周授业三十七时，师范三十四时，警务三十三时。本科科目虽简，而日语教授时间独多，盖以地理、历史各书教授日文，又以日文改为日语，故各学科不必另教，而学者于日文、日语均已透彻也。此校嘉纳君创设以待中国留学生，章程未臻完备，而教员多专门教育家，诱启生徒，极有成效。湖北师范毕业生近辑师范讲义，颇有心得。午后，至小石川区，新筑高等师范学校鸠工，庀材犹未竣事。嘉纳君导观各处，云：校中敷地约三万坪，建筑经费共用四十五万圆。东京学校以此校及高等工业为最新最巨。工业校舍不能如师范之阔大，而精致过之。南京新筑三江师范学堂，未知视二校若何也。

参观早稻田大学

廿六日辛亥　雨。午后，至牛込区，观早稻田大学，校为大隈伯重信私立，分大学、专门二部。大学分政治、经济、法学、文学四科；专门分政治、经济、法律、行政、国语、汉文、历史、地理八科。生徒千馀，每教室均

29,2,26

足容一二百人，大讲堂则容三四百人。学监高田早苗君导观各教室，均以英语讲授。最后至一室，则教中国语者。教员执卷道中国市井俚语，诸生哗然，应之钩辀格桀，摹拟不甚肖，此亦与华人之学西语同也。校中图书楼藏书七万馀卷，诸生阅书，则司书者以辘轳上下之。谒大限伯于其宅，宅甚宏丽，非复东人狭小之风。门二铜人，尤奇伟。伯出，见衣履朴素，形状苍老，俨然一苦行僧。伯素多疾，不良于行，扶杖蹒跚，而礼待颇殷。谈次极道中国旧学之不可废，谓予等主张教育宜勉强学问，参酌中西，合同而化之。语颇恳挚。 拜见大限伯重信

廿七日壬子 晴。至上目黑村，观农科大学。该校敷地十七万九千三百七十五坪，有农艺化学教室、兽医科学教室（时正医病兔）、动物学教室、养池鱼、养蚕室、养蜂室、家畜舍、农具置场、水田（耕获均学生为之）、桑园，并闻北海道有演习林，供学生研究经营穑事，可谓详且尽已。长冈子爵（护美）招同积馀饮偕乐园，辻武（雄）、冯立甫同席，即席赋诗，依韵答之。 参观农科大学

廿八日癸丑 晴。至本乡区，观东京帝国大学。大学生徒虽多，而课程甚简，学者自就所学研究，无待教员一一指授，故观大学与观普通专门学校迥异。诸校可观教室讲授，大学只能观陈列室而已。外部订期分两日观各科。是日先观工科、理科。工科列品室七：一、土木工学，二、机械工学，三、造船学，四、电气工学，五、建筑学，六、应用化学，七、采矿及冶金学。土木工学列品 参观东京帝国大学

室，有关于铁道、桥梁、运河、港湾、水道下水等标本模型二百三十馀具，各国土木工所用之物罗列靡遗。导者以剖形塔灯示予，中分六级，级有螺旋梯，户牖灯烛皆备，人处其中，可燃灯于外。曩者，海上见塔灯表面，初不知其中有如许机关也。机械工学列品室，有关于工学各种机械器具及蒸气机关之模型，并试验强弱度材料之标本等二千四百四十馀种。造船学列品室，有关各种军舰、商船及舶用机关等之模型标本，并参考图千二百四十馀种。导者以汽船机关一一拆卸示予等，又以各种图绘指示，皆微妙不可思议。电气工学列品室，有关于电信、电话、电灯、电力之各种模型标本器械一千五百五十馀种。建筑学列品室，有内外家屋及耐震家屋之模型，并建筑诸式之标本、图画、模型、临本四千八百五十馀种。应用化学列品室，有关于应用化学之器械、模型、各种原料并制产品等之标本四千七十馀种。采矿及冶金学列品室，有关于矿物、地质、矿床试金、采矿、掘矿、冶金诸科之模型、标本并器械一万二千四百三十馀种，匆遽一过，均未细览。午后，观图书馆。馆中藏书共三十三万馀部，取书之法，与早稻田略同。理科大学列品室三：一、动物学，二、地质学，三、人类学。动物学教室所陈标品凡六千馀种，内分鸟、鱼、爬虫、两栖、甲壳、软体、贝虫等类，多普通博物馆所未有。地质学列品室有地层史标品三千五百馀种，古生物标品千二百馀种，矿物标品二十馀种，岩石标品千六百馀种，内国岩石矿物及化石标品一千馀种，其中以赞州小

动物标本六千馀种

29,2,28

豆岛海中网得龙头骨为最奇。馀如鲸头骨、鲸化石及地球外皮，皆各校标本室所无也。人类学列品室楼上下凡八室，楼下第一室陈本邦石器时代之遗物，第二室陈本邦石器时代遗物之精细者，第三、四室陈列诸外国发见之古器物。楼上第一室陈北海道本岛、千岛土人之风俗习惯诸标品，第二室陈台湾诸种族之风俗习惯诸标品，第三室陈马来诸岛土人、南洋诸种族、北美洲北方诸种族之风俗习惯诸标品，第四室陈琉球、高丽及中国人之风俗习惯诸标品。内如古代石镞及琉球结绳，皆中国好古家所愿觏者。出陈列室，为人类学教室，悬人种图数十幅，示太古时代由猿化人之理。导者云："非洲至今有类猿，口能言，手能制物，而毛犹未脱，盖人未开化之证。"东壁列木架两排，架六层，层六格，每格列髑髅一，皆各国死人骨也。教室外为研究室，有贵州苗人衣服及古代埴轮土偶之类。次至地震学实验所，亦理科所属也。教师大森房吉君，以地动计、录震器及考查地震之图书、器械雏形等示予，因言中国地震由三代至明，皆有可考，惟本朝无之。予告以钦天监当有报告及调查书，民间未有专考地震者也。观毕，日已暮，即回。竹添君、嘉纳君招饮，积馀、白河松江（贤哲）同席，见示宋元本数十种。日本藏书家美富如此，想亦不多见。

人类学列品室

廿九日甲寅　晴。续观大学理科教员实验化学，列瓶水四，以盐酸投之，色旋变，倏蓝倏红，不可名状。寻至标本室，观陈列毒药瓶。次至光学教室，试透光镜。严闭

透光镜

各窗，惟漏一圆孔，透日光于屋梁，以玻璃镜承之，复以古铜镜一枚，斜对圆镜，则镜后纹理字迹俱现于屋角。试者云："寻常之镜不能见背者，光力不足也。光力既足，则凡有孔之物，皆能照见其背，纤悉无遗。中国骨董家所谓透光镜也。"试者又以圆镜四重对立，以一三角镜置其中，使予等视之，三角镜倏变为红绿色，殆即墨子所谓二光夹一光者欤？次至一室，试爱克斯光线，扃室如前，无一隙透光处，然后以电气发光，承以黄玻璃镜，使人张手于镜后，自前观之，则手指中筋骨毕现。嗣又以一木匣盛画图器具，照之镜中，惟见刀锥，不见有匣，盖人之肤肉及布棉纸木皆有空隙透光，光力既足，自见其中所有，与照镜背之字同一理也。理科阅毕，至医科内科病室。病人多偃卧，每室有看护妇看护，另二室尤洁清，室设一榻，暖炉、水管均备。导者云："病者出资就医，则独居于此，病资每人日三元。其杂居者，皆不出资者也。"次至医室，中列榻椅，环榻置诸生坐次，层级而上，累八级及屋颠。教员讲授，则置病者于榻，亲为解剖诊视，诸生据案，从高下视，视诸校理化教室尤便焉。次观法科，文科大学六科中惟文法合并一处。至法科列品室，有古刑人刀，有罪人伪造纸券，有各国晒场雏形。晒场者，建一亭置犯其中，穴木为圆式，压其颈，西国最重之刑也。至法科研究室，四壁均悬图。又至史料编纂挂，属文科。法文两科讲堂大足容六七百人。阅至此，日将晡矣，别外部译员岩村君归。学堂之观，遂毕于是。

爱克斯光线即X光

独居出资杂居不出

29,2,30

三十日乙卯　晴。宴长冈君、辻武君于偕乐园，冯立甫、张小楼作陪。长冈赠《尚书注疏》。晚设宴于帝国旅馆，延冈田君、伊泽君、嘉纳君、阿多君鸣谢兼话别，岩村、白河、姚文甫、冯立甫、张小楼、柳翼谋六君作陪。

三月丙辰　朔。辞行。晤蔡公使。检行李。伊泽修二来谈。

二日丁巳　晴。发行李赴横滨，上宏济丸。舒伯琴因病，未偕愿附船行。冯立甫招同人在红叶亭饯行。酉刻，赴新桥，上火车。送至火车栈者：嘉纳君、阿多君、辻武君、岩村君、蔡鼎臣（国器）、卞薇阁、姚文甫、王惕斋、叶树涛、冯立甫。距横滨不远，张赓三来话别。 赴横滨

三日戊午　雨。八点钟，到西京，寓柊屋别庄。饭后，偕白河游东山，山下有太极殿，仿东京皇宫为之，颇壮丽。上山至南禅寺，水声潺潺，出夹道石罅。松杉幂房，蔽云霄汉。寺旁有高楼，榜楹曰“大施饿鬼执行”。白河君云：“寺本弘安时离宫，昔石川五卫门曾据此楼，与丰臣秀吉之兵大战被禽，遂烹以死。”循南禅寺而行，历级数十层至悬崖，见涧水一泓，清鉴毛发。过涧行数十武，有巨闸，束水使直下，大声砰訇，白波如帘，喷洒崖际。白河云：“此水源出琵琶湖，凿山通道引之上山，复自山顶分二派流之他方，名曰疏水。疏水可以便输运，又能起电机。西京全境工艺场电机之原动力，大都赖此水。”过闸，见铁路分植水中，一木船乘铁机循路上下，不用人力。此山高百数十丈，水皆直泻，句配甚急，而山 到西京

中材木朝夕采伐，皆借此船行于铁道，运输之便，斯之谓矣。道旁有碑，书“一身殉事，万户沾恩”八字，盖为当日疏水工师以死勤事者纪念。据碑阴文，此工经始于明治十二年，用金十馀兆云。观水毕，驱车下山，过八坂塔，甚峻丽，不及登寻。至青莲院，拾级上，层楼巍然压山腹。购券登楼，楼凡三层，首层供佛百数十尊，馀空空无他物。楣间有匾，大书“华顶山”三字。下视万山，俱在足底，云烟杳霭，树石蒙笼。予笑谓白河君曰：“今日中历上巳辰也，古人临流祓禊，今乃冒雨登高，亦东游佳话也。”下楼复攀石砌上山，砌尽，见大佛殿，复上数十级，至山巅，有钟堂，悬巨钟，高丈八寸，径九尺，厚九寸五分，铭六字曰：“石号灵岩天笔。”盖宽永年间物也。钟堂檐下有妇孺售茗茶，掇榻小坐。下山更游清水寺，寺有清水，自岩际出。奉佛者严寒甚暑至寺中祈祷，必浴水以明其衷云。正殿奉观音，旁建一阁，曰普门阁，道九十级，较青莲院之高过之，予等乘火车彻夜未眠，初至太极殿，意颇倦。至是浏览景光，顿觉神旺。

冒雨登高

赴大坂参观博览会

四日己未　晴。赴大坂，住北区小川平助旅店。午后至南区四天王寺，观博览会。日本自明治十年仿西洋各国之法，开内国劝业博览会于上野公园。其后十四年、廿三年，两开会于上野公园。廿八年，一开会于西京。故此会名“第五回内国劝业博览会”。会中敷地第一回仅二万九千八百坪，此次增至十万坪。开场日数第一回仅百二日，此次增至百五十三日。二十馀年之中，工商业之进步实可

29,3,4

惊羡。此会出品分农业及园艺、林业、水产、采矿及冶金化学、工业染织、工业制作、工业机械、教育、学术、卫生及经济、美术、工艺十部，汇为八馆：一农林，二水产，三工业，四机械，五教育，六美术，七动物，八水族。外设通运及参考二馆。通运馆陈列关于运输交通诸般之品，参考馆则陈列外国采取及出产之物可资产业上之参考者。予等仅至工业、农林、教育、机械、通运、参考六馆约略一过，各馆陈物无美不备。吾国出品在参考馆者，若磁器，若漆器，若绸缎，均用旧式，未能推陈出新，较之各国之物均觉瞠乎其后。至机械、教育，则并不能以一物争胜，可慨也。

中国不能以一物争胜可慨也

五日庚申　雨。至江楚出品事务局，访李君拔可、汪君福生二君，呼车偕赴会所，复阅工业、参考二馆。午后，游美术、人类二馆。美术馆皆美术学校所曾见者，特增古画数种而已。人类馆陈列台湾、北海道、印度、瓜哇、非洲诸野蛮人，并仿造其居处食用等物，以供游博览会者研求学术之馀兴，盖亦大学之讲人类之意。闻日本政府初欲取中国吸鸦片烟及缠足人引入此馆，嗣经本国商人请公使向政府力争，始寝其事。然台湾人语言形状与中国无异，又有一妇靓妆艳饰缠足如弓端坐馆中，任人注视，其狎侮吾同种至矣！苟有血气，能无愤恨，而坐视国人死守旧习而不变哉！

人类馆陈列缠足之台湾妇女

六日辛酉　晴。赴神户。西京至大坂与大坂至神户皆一时许。午后，宏济丸至。舒伯琴病稍愈，行李俱齐。

乘宏济丸返程

晚，上船。

七日壬戌　晴。午前十时启轮。

八日癸亥　晴。抵马关。晚见南山山火。

九日甲子　晴。抵长崎。见领事邹筱村，复晤山东委员何志霄观察（承泰），盖赴商会者。

十日乙丑　晴。无风，较来时尤平。

十一日丙寅　晴。到吴淞口。巳刻，到埠。化学器械均为洋关扣留，五日后，由关道给信方提出，并索费，无理纷扰百倍日本矣。

海关刁难

29,3,4

日本访书记

日本东京书籍最多，专售旧本书者，以下谷区仲之池町琳琅阁为最。余与积馀两次往访，得旧抄本《续资治通鉴》、明弘治本《黄山谷全集》、洪武本《理学类传》、活字本《五百家注昌黎集》。又有高丽本《草堂诗笺》，字迹极雅，惜有缺佚，议价未成。积馀得后村《千家诗选》，宋本，亦缺十卷。 日本书籍东京最多

浅仓文渊堂在浅草区，购得明万历本《翰墨大全》廿六册，继又得旧抄医书十馀种，皆小田氏一家所藏，抄校皆精。浅仓前最有名，近稍衰。 得旧医书

文求堂在本乡区，曾三访之，得元至大本《中州集》、旧抄本《杨诚斋集》一百卅三卷，每卷后有嘉定元年春三月男长孺编次、端平元年夏五月门人罗端良校正、与杨惺吾同年访书记，合诗文俱完，并非仅刻诗集也。又得活字本《左传杜注》、明刻本《古今游名山记》、梅鼎

祚《乐苑》。

西京文求堂在寺町通（与东京文求堂一家），得《日本古金石》五册、《砖瓦拓本》一册。

得宋刊本 竹包楼亦在寺町通，得《尚书》宋刊本，首尾完善，装潢精致，古香扑人，洵非易觏。

西京书铺尚多，闻大坂之斋心桥亦多古籍，惜为日无几，归期促迫，未能遍访也。

日本竹添渐卿（进一郎）所藏宏富，出视多种，聊志其目：

卷子本

《汉书扬子云传》（不全）。字作褚体，类唐人写经。

宋刻本 宋刻本：

《毛诗正义》四十卷（缺前六卷）。半叶十五行，行廿五字，卷末有“绍兴九年九月十五日绍兴府雕造，校对官有韩彰、穆淮”二行，“营干雕造官有曾掞、白彦良”二行。

《草书礼部韵宝》。半叶五行，行十字，书衣题“高宗御笔”、“草书韵宝”栏上横书与耕书堂，卷末二行：“承议郎权发遣湖州军州兼管内劝农事借紫臣陈汉谨识、宣义郎签书昭庆军节度判官厅公事臣赵与懃监刊。”

二书皆我国所无。

《大学衍义》四十三卷。半叶十一行，行廿一字。序半叶，十二行，行廿二字。

《成元英注庄子》五卷。半叶六行，行大字十五，小字二十，即黎星使所刻，新见君藏本。胡蝶装如故也。

29,3,4

《广韵》五卷。北宋本，半叶十行，行二十字。

《御览》五百十二卷。半叶十三行，行二十三字。

《元氏长庆集》三十卷。半叶十行，行二十一字。

元刻本 元刻本

《南村辍耕录》三十卷。半叶十二行，行廿五字。

《玉篇》三卷。半叶十三行，行廿三字。序十行，行十九字。至正丙申孟夏翠岩精舍刊。

《郭注庄子》。半叶十行，行十七八字不等。

《唐诗鼓吹》十卷。半叶十三行，行廿三字。资善大夫中书左丞郝天挺注，积善堂刊。

《事文类聚》六集。半叶十四行，行二十六字。泰定丙寅庐陵氏武溪书院新刊。

《翰墨全书》十集。半叶十四行，行廿八字。

《韵会举要》三十卷。半叶八行，小字双行，行廿二字。

《左传句解》七十卷。林尧叟元书，未记行款。

《黄山谷集》。半叶九行，行六字。五山板。五山，五丈寺也。

又有《文选》《毛诗》《左传》《孟子》，均庆长本，唐人写经五六卷，收藏可谓富矣。东京古城君（贞吉）约观所藏古钱，大坂内藤君（虎次郎）约观所藏旧书，均因病未赴，殊歉然也。

宋咸平中，日本僧奝然献郑康成所注《孝经》，乃中国所亡失者，是历史中知日本藏书之始。《读书敏求记》所载古抄正平本《论语》，云行间所注字罕有识之者，即旁注和文，以遵王之淹雅，至以此为高丽本，其为难觏可知。乾隆中叶，山井鼎《七经考文》、魏郑公《群书治要》稍稍流传，汪翼沧得梁皇侃《论语义疏》十卷，于足利学，浙抚王亶望刻之，后归鲍氏（初印本卷一，衔名三，行首魏何晏集解，次梁皇侃义疏，三行王亶望校刊。王伏法后，板归知不足斋，改三行为二行，而削去王名）。嘉庆时，日本天瀑山人活字印《佚存丛书》，类皆吾国。无传本者学士大夫访求益切，而《孝经》郑注、孔《传》作伪者亦间出焉。光绪辛巳，黎星使（庶昌）刻《古逸丛书》，徐星使（孙麒）刊《经籍访古志》，杨惺吾同年（守敬）所得尤多，陆续有《日本访书志》《留真谱》之刻，海内惊传，望之为琅琊、宛委。于是过东瀛者，无论知与不知，必购数种以压归装，而日本市中渐稀如星凤矣。荃孙来东，勾留未久，所得见者，仅此数十种，不足为方家一哂。然已有中土所未有、惺吾所未见者。昔章实斋进士《与阮文达书》："海外番舶如日本、琉球，颇用重价购书江浙之间，有司不甚稽察，所关匪细，应严饬关吏搜查海舶，毋许私贩。"今则寰海开通，正藉彼此补苴，以期完善，则昔之连舻而东者，今何必不捆载而西也哉。大约古抄卷子本为上，宋元旧刻次之，翻刻本而未加和文者次之，活字本次之，影写者次之，分类以求，谨以告东游好古之士。缪荃孙识。

缪荃孙日游汇编

人名索引

九画

十画

王景禧日游笔记□

光绪二十九年（1903）

九月初一日　启程赴日考察

九月初七日　抵日本大坂

九月初九日　抵日本东京

十月十三日　离开东京

十月廿二日　离开日本长崎

□据光绪甲辰（1904）冬月学务处排印局校印本
□赖某深校点

日游笔记序

近岁考察东瀛学校归者，记载夥矣。其裒然称首者，以吴京卿《东游丛录》为巨子，馀或详其制度而略其精神，抑知其精神矣，返而施之吾国，又风俗程度之不相称，未见其善也。太史是编，穷数旬力，凡彼中官私附属各学校，纂述独详。其言主小学教育之普及，而辅以急兴实业，且取日本欧化、保存两派熔于一炉，皆卓有心得，而非肤受所能同。又因见彼之标本仪器处而欲仿造颁行，见彼之女学食谱表而欲设法以杜饮食之讼，盖非徒用力之勤，而孳孳焉为本国计者至深远也。付诸梓人，以备从事教育者之观览，是犹京卿之志也欤？因书所见以归之。 东游丛录裒然称首

光绪甲辰孟夏项城袁世凯叙

胡景桂序

光绪癸卯初秋，予考视学制至自东瀛，反命于宫保袁公。公曰："此行其得要领矣乎？"予应之曰："明治维新庶政纷纠与吾国颇相若，其学校经始尤与吾北洋不谋而同。厥后自育师资，不复借材异地。三十年来规制数易，精益求精，乃臻完备。要其全神所注，着重国民教育之普及，遂收捷效，惊美全球。今我学校规模粗立，功候尚稽，民智未开，财政困乏，所赖宫保维持，庶几遹观厥成。顾欲普及国民，非造就师材不可；欲造就师材，非广派留学不可。"公曰："可谓知要矣。"归语王燕泉太史，为送师范生二十人赴东且以所见所闻藉资考镜，予应之曰：唯。先是，严范孙同年久韫斯意，因就而商定之。天津、保定各遴十人，资而属之。燕泉乃以八月杪挈而东渡，安置宏文学院，部署馀闲，恣情浏览。以是冬归国。今春持所述《日游笔记》问序于予。予谓善窥教育者，

着重国民教育普及

善窥教育者在于其精神

不于其形式而于其精神。精神不存，形式徒具，与罔知教育等耳。吾国教育萌芽伊始，形式且不具，奚论乎精神？然考察家固不可不由表以观里，由浅以浚深也。是编所记，为期不过数旬，而所历官私附属各校所，旁及局馆厂场，几达五十馀处。自形式之表面，以深入于精神之所寄，主要阶段，一一剖其窍而导其源，视吾所获抑又加详，而又拳拳于全国之忠爱，眷眷乎生徒之运动，化东西新旧之两界，铸欧化国粹于一炉。郁思幽情，横溢言表。至谓唱歌为教育之心，体操为教育之骨，议尤奇警而确。其他绪论，亦弥切实用，而可见施行，燕泉此行为不虚矣。学校要领，其在斯乎！其在斯乎！

光绪三十年岁在甲辰二月永年胡景桂序

29,9,1

王景禧日游笔记

九月初一日　凌晨，登舵楼，观日出。望见东南一带，岛屿起伏，即吾东登州沿海各山也。此行赴日本视察学制，随带翻译官杨庆鋆、书识刘揆，并学生王振垚等二十三名，送入宏文学院，肄习高等师范。日本文学士北村泽吉亦送眷东归，同乘日本邮船营口丸，分住一二三等客舱。清洁绝尘，往来会谈，宛如浮家，颇不寂寥。先日午后三时，由天津大沽展轮，本日午前十时，至烟台停泊口外，待医士验疫毕，始进口。船长以端艇送予登岸游览。至日本领事署茶话，周历市廛及租界。依山傍海，商贾辐辏，而街市极不洁。午后归舟。遥望北面芝罘山，与烟台对峙，成一山环。再北有四五小岛，则崆峒岛也，居民六十馀家，皆业渔，亦有农者。 赴日考察学制（光绪二十九年） 天津出发

初二日　辰六时微雨。十二时启碇东驶，天色开霁，风浪不兴，水作深碧色。三时一刻至刘公岛，持远镜窥 至刘公岛

望，有兵轮三艘驻泊其间。同舟有美国人指而华语曰：“此威海卫也。”傍晚，至山东角，遥见塔灯，其明如月。绕过成山，遂入黄海界。

初三日　辰，登舱面远眺，水天相接，一望无际，作黑色，即俗所称黑水洋也。十二时，微见天际山色隐现，移时，群岛迎人而来，是为朝鲜群岛。山麓下水色作一缕绀碧，俄而舟出黑水界，水变绿，旋又淡黄，则大同江流所入也。再进则岛屿罗列左右，有若笠者，有若屋者，有若伏牛者，又有怪石突出水际，状如半身鳄鱼形。渔舟泛泛，往来其间。四时许，望见济州岛。

朝鲜群岛

初四日　辰，经日本五岛，再进为平户。遥见兵轮十馀艘，纵横海面，则佐世保军港也。过此，群山罗列，为日本肥前国。各山树木茂密，石磴层叠，阴翠晴岚，殆如图画。十二时，舟泊长崎，率学生同北村乘小轮登岸。至吾国领事官署小憩，遂往阅视长崎医学专门学校（浦上山里村字江平前千六九九番地）。校长田代正，延入楼上应接室，室内遍悬学生摄影，皆历次毕业生。田代言：“自吴先生汝纶来此后，得先生而再，然亦空谷足音矣。闻先生究心此道，凡吴先生所阅视及未及阅视者，当一一详为导观。”遂至图书室及图书阅览室，内藏东西各国医科书，及理化学科书甚备，又有各种医学报。至解剖标本室，有纸造各种模型，其手足股肱头部脏腑等标本，则皆真形，一一置玻瓶内，而浸以酒精。室中别有一方案，置酒精玻瓶九，则自一月至九月之胎儿也，予询何以得此。

至日本

参观长崎医专

吴汝纶曾至此

胎儿标本

29,9,4

校长笑言："凡病小产者，来请为施治，悉令勿弃所产，以备考验，以故积久而皆备（亦有从民家购得者）。"此室，非特许不得参观，即学生亦不轻入也。至准备室，则各种植物动物标本、各国药品悉具。至助手室，则凡教员实验各事，或制炼各品，一人不能作者，助手助而料理之。架上置玻瓶极夥，凡各种疫虫皆贮之。日本所谓虎列拉（霍乱病），又有近世所谓黑死病者，皆有疫虫。虫极微细，以显微镜视之，略可分别。凡病之传染，皆疫虫随口鼻之呼吸而入。故西人防疫，蒸烧甚严，为杀疫虫设也。又有腹内各虫，是日所见者，曰无钩绦虫，曰篦形二口虫，馀则吾国所谓蛔虫、寸白等类。坐观移时，出历物理学教室、化学教室、生理学教室、病理解剖实习室、细菌学教室、药学教室、制炼室等，皆教员讲解，学生笔受。其各种实习，亦皆教员指点，学生依法实验。此校共分二科：曰医学科，曰药学科。医学科四学年毕业，药学科三学年毕业（课程表别录）。现在学生共五百馀人，皆中学校毕业后，经考选而入，大抵习医科者多，习药科者少。非毕业后，不得出为医员及自行营业。以视略识之无，即俨然自命儒医，杀人曾不转瞬者，其相去为何如耶？校内附属病室，未及往观。至狂犬病治疗室，即猘犬啮伤病也。凡被伤者，治疗一不如法，便致不救。此室旁通饲养动物小室，内蓄犬兔数头。凡被伤者，以其血点犬兔，复以犬兔血点病者，则病可轻减，易于施治。又凡某处有狂犬，与之邻近者，恐多传染伤人，则速以点过之犬

疫虫标本

此校分设医学药学两科

狂犬病治疗法

兔等血，一一点之，为预防计，盖治之于已然，不如防之于未然。轩、岐、《灵》、《素》，亦言之綦详。此又不独医学一端也。阅毕，复至应接室，田代为言此校沿革甚详。其初欧西传教士渡来长崎，兼施医术，国人从之受学者甚少。安治四年，和兰医官某来长崎，经本邦聘为教习，今标本室内所存纸造人体模型甚黯敝者，即其所制，故今尤加意保存，以为纪念。又言："中国此时，亦宜急设医学，不第慎重民命，实足为国人信从各种实学之先导。日本维新之初，议论沸腾。后知西国医法之确有实效，因之各种学科，亦渐次推行无阻。"予因言："即如吾国牛痘一法，亦传自欧西，其始信从者鲜，近乃盛行。然医者不求精进，知其当然而不究其所以然，以故略见流弊，又增阻力。医学一端，凡体质禀赋之各异，气候风土之不同，必融会贯通，始能得其确效。吾惧夫或胶柱鼓瑟，或沿袭皮毛，如今日纷纷之讲新学者，徒滋诟病。世无扁、仓，未易言也。"田代喟然。六时归舟。

荷兰医官

西医之议

初五日　辰，偕北村、梁孟阅视长崎造船厂。厂，襟山带海为坞，地势宽阔。执事员先导至标本室，观各种汽船形式，精肖绝伦，皆本年曾陈列于大坂博览会者也。凡作一船，必先详绘各细图，图定后，则依图先作一缩小若干之船式。凡汽机舱舵，细至一钉一板，无不备具。有不合者，则改作之，以迄于成。是为标本，然后依式制造。以故无论载重若干吨之船造成后，无不适用。现正造一载重五千吨之商船，名日光丸，工作万声，遥闻数里。遍历

长崎船厂

造船必先绘图制作模型

29,9,5

木工金工各厂，皆以蒸汽运机。其细工则藉蒸汽磨电，引电运机。工人达二千七百。厂中一律皆电灯。船坞中，有法国兵轮一艘，船身触礁，觅此厂为修理。此厂为邮船会社资本所立，然政府有所制造，亦多交其承办。日本近今航行内外海各船，悉出此厂所制。民力之关系于国家，如此之重且巨哉。午后三时，归舟，四时，开行。过平户海峡，经壹岐岛之南。夜过元海洋，颇觉动摇，同人有吐者。

初六日　辰六时，傍三门岛停泊片刻，候医士验疫，即开行，至门司下碇。其验法亦不等：三等客，皆诊脉视 分等验疫
舌；二等客，但视舌；一等客，则望望然问人数而已。门司与马关东南西北对峙，为入日本内海之要港。十一时，开行。两岸山色，秀蒨宜人，超绝尘外，世所称海上三山，虚无缥缈，要不如身历其境者，一豁俗襟耳。

初七日　辰七时，抵神户，即率学生乘小轮登岸。日本驻津领事有函致神户税关，行装悉免点验。至神田旅馆小憩，购汽车券，登车，向大坂发。经住吉、西宫、神崎 日本华商
等处，皆停片刻。约一时，即至大坂。寓川口张元臣许。 二万馀人
食后，散步市廛，极为宽洁，多遇吾国人。张元臣云："神户华商约三千人，大坂约五六百人。统日本全国，约华商二万馀人。"

初八日　辰，阅视大坂高等工业学校。此校为文部省 大坂高等
直辖，校长安永义章，工学博士也，为言本校宗旨，专为 工业学校
养成将来从事于工业者。其教科大别为三部：曰机械工艺

部，曰化学工艺部，曰造船部。机械工艺部，置机械科之一科；化学工艺部，置应用化学科、染色科、窑业科、酿造科、冶金科之五科；造船部，置船体科、机关科之二科。学生各就一科专修之，修业限三年（各科课程表别录）。先观机械科、船体科工场，有各种汽机及镟盘、丸锯、带锯等机械。观机关科工场，有熔铸炉、送风机、起重机、蒸汽锤、水压唧筒等机械。学生一一皆以工作为实习。次观应用化学科工场，次观染色科工场，有单丝、片布、绲丝各种伸张强力及弹力验定器，校长为予试验之。置丝若布于机器上，视其丝伸长若干而断，则知其柔韧坚松之度，而优劣显然。其捺染各学以外，皆备有显微镜及热度表，用以试验而得其定衡。次观窑业科工场，则学制玻璃料及各种陶磁器之所也。观酿造科工场，有显微镜大千三百倍及千五百倍者四具，学生正查视细菌等。如饮食等物发变，面上每起一种白毛，皆细菌也。以镜视之，其上为圆锥形，其下则茎须根荄，悉历历可辨。酿酒所用之曲，亦细菌含有发酵性者所成，故必详验其有毒无毒，酿造乃能纯良。又有造冰机器等。校长一一详说，不能悉记。是日正值大雨，同观者皆未携雨具，周行各场，衣履沾濡。最后至讲堂稍憩，极宽绰明厂，雨亦渐止。统观此校注意之所在，大抵教员讲授，学生实习。既能其事，复求其精，不仅以空谈名理，毕乃事也。校有吾国学生五人，习机械科及应用化学科，正授课时，未得晤话。

弹力验定器

细菌形态

大坂市立爱珠幼稚园

阅毕，出赴大坂市立爱珠幼稚园阅视（东区今桥三

29,9,8

丁目），园长为高等女校卒业生，未询姓字。先至标本仪器室小坐。各种植物标本，及保育开诱诸器咸备（诸器具谓之恩物）。园长出画册示予，皆其国历史等事，有关于儿童修身伦理者；又出各种恩物，详言保育开诱之意，大抵以开启知识为主。北村言：从前幼稚园重智育，今则体育德育视为并重，十数年来，逐渐改良。凡以各玩具导诱儿童知识，稍涉困难，恐伤脑力，今俱改为容易而有意趣者，较前更为有益。儿童自四岁至六岁，为入园之期，每日不过三小时课程，亦恐因太多而致损也。观音乐体操，其室名游戏室，宏阔洁爽，地皆铺板。保姆二人，一人鼓琴，一人率之，同声唱歌，俯仰中节，步伐娴齐，群儿欢甚。稍息，为游戏体操，保姆出小旗红绿各二，使二童各戴帽，各执旗立指定之地，群儿分两队排立，每队同时各出一人，执旗竞走，绕戴帽者之前而归，以次各接旗竞走。如某队先走毕，则共拍手为贺，某童迟缓，则欢笑之。操毕，皆按队徐行。至院内，则跳舞歌唱，自乐其乐，喧而不嚣，戏而不野，尤为可爱。至各保育室（一名开诱室）观保育各课，曰：六球法，三体法，积体法，置板法，置箸法，置环法，图画法，及刺纸折纸豆细工等法。又有耕作理解计数说话等事（课程时间表别录）。群儿列坐，几椅皆适合身度，此卫生所极宜注意者。保姆取幼童所折纸燕、纸蟆、小船等，令其持赠。予学作彼国语赞之，群鼓舞色喜，不似我国小儿见外人状也。其经费大半出于市内公资，富家亦多捐助金，存作基本，以其息作

幼稚园德智体并重

保育诸法

予以日语赞扬幼儿

为额费。亦有收保育料者（如脩金之意），然为数甚轻，民家易于措筹。此园建筑及置备物品开办等费，达八万馀元，亦可见市内殷富，视教育为尤重矣。阅毕，已过午。顺途阅视市立小学校，此即日本全国普及所极注意之国民教育也。校分寻常及高等，寻常四年，高等四年。儿童就学之期，以满六岁者为始。

自入此邦以来，见夫吏勤其职，工善其事，商习其业，兵服其职务，农易其田畴，男妇熙熙，一无游惰，其原因皆由全国普及之小学国民教育而来。所谓国民教育者，谓有普通之知能，能胜国家之职务，始足为此国之民。无普通之知能，则虽有耳目心思，虽有手足肢体，而一无所知，一无所能，有此人几如无此人，且须仰给于人，直与废人等耳。是故兴学为立国之根本，而小学之国民教育，尤为根本之根本。其程度绝不求高，但求切于实用；其科目，寻常则修身国语习字算术体操手工唱歌（二者为随意科目），高等则加地理历史博物理科图画裁缝。原其精神之所贯注，则首以忠君爱国之意念，印之于脑，以日常必需之知能，备之于身。无论何科，皆本此宗旨为教授，以故受一般国民之教育，乃能具一般国民之资格，具一般国民之资格，乃能担任一般国民之义务。同其伦理，同其知识，同其技能，乃能同其心力，国家所以有无形之团体也。无地无学，无人不学，毕业以后，年甫十三四耳，为士为农为兵为工为商，皆本其忠爱之心思，尽其当为之职分。学道爱人，学道易使，至哉圣言！括尽政

国民教育

兴学为立国之根本

29,9,9

治界教育界矣。故予观此校，略其形式不书，第绘其精神，以谂同志。其外容，则教室衔接，便管理也；男女异室，示远嫌也；讲堂特别，昭郑重也；教员悉师范毕业者充之，无冗滥苟且之习也。如是而已。归食于丰乐园，为吾国馔式。北村言视察过劳，非旅人所宜，应小饮以益体气。晚六时，至停车场。八时，向东京开行。电灯朗映，夜色甚佳。假寐至晓，殆已千里。

初九日　辰八时，至东京。雨中，留学诸生数十人，皆远迎至新桥停车场。宏文学院招待人松林亦至，言“学生宿舍已备齐”，即率学生至小石川区，始知于宏文学院外，相距二里许，别立一塾，室系新造，尚多未就。大雨中寒甚，安置略定，即赴本乡区六丁目伊势荣旅馆，叶生基桢为预赁定之所也。自昨夕发大坂一千馀程，至是已一日夜不得食。行箧携有白酒，海外重阳，雨声杂沓，聊谋一醉。晚，冒雨至宏文学院，晤嘉纳治五郎，议学生课程。 至东京

初十日　仍雨。辰以电话询杨星使枢、马参赞廷亮（此次送来学生归马参赞监督），俱外出。午后，诣使署，尚未归，知今日递国书后赴各署会晤也。至山东师范学生监督方燕年同年及直隶武备学生监督赵理泰处，皆不遇，冒雨归。 星使杨枢

十一日　雨。宏文学监黑木千寻来寓，商学生课程，并请选派学长（渠谓之部长），即派定胡家祺。午后三时，至嘉纳宅，同至外塾，学生齐在讲室见面，嘉纳 宏文学监黑木千寻

演说。

十二日　雨。未歇，电话致使署，请其早知照外务省、文部省等处，约期视察各学校。午后，陈君榥字乐书来，现肄业大学校工科，笃志向学，人尤纯谨。谈此邦学制甚畅。

十三日　仍雨。诣铁侍郎良、刘观察永庆处，皆大演习陪观者。至使署，晤杨星使，因与马参赞议定学生课程：曰教育学（附心理学），曰教育制度（日本欧美），曰教授法（附编纂教科书法），曰学校管理法，曰地理学（附地文学），曰历史学（附近世外交史），曰法制经济学，曰数学（分数小数开平开立代数），曰博物学（动物植物矿物生理），曰理化学（物理化学之实验），曰日本语文，曰体操（普通器具兵式）；又每星期内，参观学校一次，至第三学期，每星期二次。拟于日内同晤嘉纳协订，即行开学。

议定留日学生课程

十四日　辰，至标本仪器商处，阅看学校用品，甚精备。因思直隶开办学校，已逾一载，凡垩笔石笔石版墨水及动植矿物各标本、理化学试验各仪器，一切购自外洋，若学校林立，势必不便取给，将来归国后，会商同志，于师范堂内，附设学校用品科，选聪颖朴诚、稍读书而通文义、年十六岁以上子弟数十人入之，教以博物学及浅近化学，学作各标本用品等，不过半年，便可毕业。所造各品，专售作通省学校之用，为益似不鲜也。午后，至上野公园观动物园及博物馆，凡世界古今各物有关于政治学术

思归国后设用品科

29,9,15

人种风俗者，无不备具。至团子坂观菊人形。归至帕诺拉玛馆（嶝画之意），观油画德川上野之战。晚赴公使署之招。

十五日　辰，由饭田乘汽车，至青山练兵场，观演习兵式。是日为天长节，例有此举。日皇戎装乘骑亲临，凡马步炮工辎重等队，严明整肃，是不难也，所难者，自将佐以及兵卒皆曾受国民教育，人人富忠君爱国之思想耳。场外观者，逾数万人，男女老稚，骈阗鳞萃，皆脱帽致敬。十二时，观毕，归。沿途遍悬旗帜，各校亦悉放假，男女生皆着学校制服，犹络绎于道。

日本天皇戎装亲临军事演习

将佐兵卒皆受国民教育

午后一时，赴直隶留学生欢迎会，到者五六十人。嘱予演说，因言：国之振兴，基乎教育。我国文化开辟，逾四千年，形上形下，灿然美备，但化裁通变，因时制宜，称古而鄙今，逐末而忘本，殆两失之。今者一国之学，不足当竞争最剧之时代，必合世界之学以为学，乃可屹然自立。现在学堂设立，尚在萌芽，非嘉种之难求，实上农之不易。诸君不惮万里，海外求学，既多受外界之刺激，爱国之心，自必百倍增进，他日学成归国，树艺滋培，责无旁贷。但勿以萧为艾，勿以莠乱苗，翘望有秋，其不远乎！终席后，共撮一影，以为纪念。

赴直隶留学生欢迎会演说

十六日　辰，至文部省，晤总务局长冈田良平，及属官野田义夫，即为吴挚老讲教育行政概要者也。至外务省，晤总务长官珍田舍己、翻译官岩村成允，约定自明日起，视察文部直辖各校。

至文部省及外务省

直隶留日学生开学典礼

十七日　直隶来学速成高等师范诸生，是日开学。辰九时，至宏文学院见嘉纳校长，马拱辰监督亦至，同至外塾行开学礼。校外高揭国旗，旗黄色绘龙，与日本国旗交映，亦盛仪也。诸生齐集讲室，为说来学宗旨，勖其互相砥励，并嘱分纂讲义录。午后，阅视东京市立常磐小学校（日本桥区）。至则文部省所派陪视员野田义夫文学士已先在，教授导观各教室。出学生统计表示我，现在男女生一千馀人，教员男女共二十馀人，男女异其教室（课程表别录）。分寻常小学、高等小学，寻常四学年，高等亦四学年。学童年岁满六年者，入寻常小学；四年毕业，入高等小学。教员皆师范毕业生，教法秩然。每一教室，约容学生六七十人，一教员教之，称各级教授（一人教一班）。盖小学教员，尤须注意儿童之身体性质，故不用合级教授（一人轮教各班）。此校修成甫三年，皆楼房相连，便于管理。学生出入教室，皆按步法，二人成列，绝不紊乱，尤为可法。阅毕，教授以女生所作随意画临摹画真草书为赠。北村为言，此名学生成绩品，每月学生所作，存数纸于校长处，年终比较之，并示本生，所以考其进步。

常磐小学参观

东京第一高等女校

十八日　辰，阅视东京第一高等女学校（浅草区）。此校为东京府立，东京府派视学官御园生金太郎来陪视。校长伊藤贞胜，年约五旬，蔼然道气。此校毕业期限五学年，高等小学校四年毕业者，经考选得优等，入此校第三年班（三学年毕业），次优者入此校第二年班（四学年毕

29,9,18

业）或一年班（五学年毕业）。在高等小学校修业满二年以上者，亦可应考选，统入第一年班。修业五学年（高等小学缺二年故也。总之合高等小学及此校共九学年，亦有缩短一学年者），不入选者，仍归小学校本班修业。其大意与男子之中学校同（课程表别录）。先至室内运动场，观二年生游戏体操科，为回旋运动，连锁运动，女教员教之。其周转随洋琴之音节，计三十分钟。次为徒手体操（亦名美容术，言正其容体也），则男教员教之，亦三十分钟而毕。次观二年生音乐科。教员先将歌谱书墨版上，学生用铅笔照录毕，教员以洋琴按谱教歌，其歌意皆历史及忠爱各事。教毕，则全班立而合唱。是日所教歌谱，名“赤十字”。赤十字者，战时所备治疗受伤各军之军医队也（无论敌兵己兵皆尽心为治疗）。日本赤十字会，日后为之总理，疑即其意。北村为言，此科仍为音乐中之唱歌，非专教音乐（东京别有音乐专门学校）。次观三年生数学及英语科。数学以开平开立为限，五年生得加代数几何。英语课本，则本国自编，吾国尚无此种课本也。教员亦女师，英语极娴熟。次观三年生裁缝科，所作皆一律（衣物针线皆学生自备），运针甚速。次观图画科，分几何画（用画图器械以角线点面法写各形），临摹画写生画（教室之外普栽各种花草，名曰花坛，学生就而摹写之），皆随时考案，以试其心思。此外修身国语历史家事割烹地理理科作文习字作法（学操作习礼仪）各科，有同在一时间而未及观者。阅毕，校长复导游各室，

红十字会

英语课本本国自编

如通常教室、特别教室、藏书室、图书阅览室、理科标本室（与教室相通最便）、生徒控室（来学及课余休憩之所）、整装室（女校所特有）、休养室（忽然有疾者暂息于此）、作法室（习礼之所）、教员室（教员皆不住校，授课暇即在此稍息，惟男女教员同在一室似未便），最后至讲堂，可容数百人，为行祝祭大仪及卒业式所用。讲修身学亦在此堂，每月一次。盖使全班生徒，视修身为最重要，且受一般之教育也（教室为各科授课所用，讲堂则全班同行大典所用，制最善）。此外或有临时谕告生徒之事及开温习会（数班学生同到以示比较之意），皆用此堂。堂正中作龛，供御像，极庄严。两傍有二像，一为菅原道真，一为新井白石云。综观各室，皆清洁无纤尘，采光通气之法，尤极讲求，盖注意卫生者至矣。此校本年八月始竣工，房舍在东京女学校中，亦为第一（别有细表）。女生十一班，共四百八十八人，年最长者二十岁，最少者十二岁。午后一钟许，至酣雪亭早食。食后，至上野公园，观帝国图书馆。层楼数级，合世界各书图报纸，分别部居，以待观者。有观书室，每日来见不下千人，井井有条。吾国宋元椠本数十种，为近世所不可见者，得纵观之。黎氏采刊古佚丛书各种，亦未备也。是馆创立于明治五年，不过七万馀册，今则甲乙部已达三十八万册。虽较之美国图书馆，为数尚减，亦足抵百城矣。司书官西村竹间，须发皓然。

参观帝国图书馆

十九日　辰，阅视东京市万年小学校（下谷区）。野

29,9,19

田及御园生，仍陪阅。校长矢岛龙之辅，殷殷讲论。凡至一室，皆与其生徒演说云此中国贵宾来观，尔等应如何勤学，学生皆起立，与客为礼，彬彬有度。此校为市立，皆贫民子女，不收学费。男女生约二百馀名，一年生分甲乙级，异其教室。二年三年四年，则同一教室，而别其坐位（如足一班之数则仍分室教之）。凡在下谷区者，皆来就学，他区亦得附焉。每年用款，约二千九百元。学生所用笔墨纸簿手巾铅笔针线裁缝用布等，皆由校备。字帖砚石算盘等，皆借与用。每教室容七十人，因教员不多，视学生程度，一班中分甲乙级教之。如同一时间，甲级习字，乙级学算，但不与唱歌同级，防淆其心也。体操则都为一班。吾国初立学，经费困难，尤宜取法如此。午后往观女子师范学校高等女学校之运动会。运动会者，每年一次，合全校诸生，为各项运动。来观者数千人，寂坐无哗，赞赏者但鼓掌而已。名目四十有二，有写生竞走，裁缝竞走，割烹竞走，插花竞走等，以最敏速者第一人为优等。有赏牌，分二等，视指定之钟点逾否为甲乙。此校附属小学校，小学生徒所演，有所谓决死军者，女子师范各生，达二十岁左右，练器具体操，步伐整齐；演障碍物竞走法，跳步如飞。虽在女子幼童，不忘战意，可畏哉！四时会毕，同唱国歌，尤极缠绵忠爱之致。校长林吾一氏，立观而不坐。各教员则躬自布置，不假手小使也。晚，外部招饮红叶馆，风景高旷。总务长官珍田舍己为主人。有舞妓，演各曲。末六人举我国旗及日本国旗各三，为交互

女校运动会比赛项目

女子幼童不忘战意可畏哉

状，示睦谊也。食品中有寒天一种，如吾国凉糕，亦作两旗交互状，例得携以归。夜中，大雨。

二十日　辰，雨未歇。是日为日曜，各校皆休业，一日未出门。鲁生弟自宏文以电话来告，有学生欲附直隶速成师范班，当即答复。东京无处不通电话，虽有要事，可不出门而通话对谈。如必须面访，则先用电话，询其是否外出，或竟约定时刻。凡一顷刻间，飞骑不能到者，一二语即办一事，省节时力，为用大矣。叶希贤、丁维橡、许任世、周子畏来。

东京无处不通电话

东京府立第一中学

二十一日　辰，阅视东京府立第一中学校（麹町区日比谷町）。校长胜浦鞆雄，为高等教育会议议员，即吴挚老丛录中所载，为定中学堂课程三次者也。学生达八百人，经费年仅两万馀元。胜浦言：房舍狭，学生多，办理不易，现在添修教室。周阅各班学生，大别不过十五六七岁，皆由高等小学校考选而入（别立表以明之），大致亦如高等女学校。日本各学所定学年之始末，皆大概相承接，以故学生既毕此校业，距应入之校考选时期，皆不甚远（如吾国八月乡试则决定次年三月会试之例）。吾国学堂初立，小学中学学生皆二十馀岁，是不得已之举。稍迟数年，亟须划定，方不误学生程度。现在直隶各县所办小学，其程度低于日本之中学，而高于日本之高等小学。以是推之，直隶现办之蒙学八年，实为日本之寻常小学四年，高等四年。各县之小学堂，将来俱应名为高等小学堂，为一邑之模范。各府中学堂而外，应急设各种实业学

中国学堂急筹改良

29,9,21

堂。省中之大学堂，实应名为高等学堂，如日本之高等学堂程度，分科授课，为京师大学堂之预备。而现在中学堂课程除英文外，尚不如县立小学科目之完备，宜急筹改良也（应改现在之蒙学曰初等小学，为全国普及之国民教育；现在之小学，为高等小学；现在之中学科目，宜再加完善。此外宜多设各种实业学堂。现在之省城大学，应名高等学堂，由中学堂毕业生考选为京师大学之预备。其六岁以内之幼童，应视地方经费之赢绌，于小学堂内附设养蒙园如幼稚园课目）。午后，观教员授理化学。学生案上皆有瓦斯管，备热化试验之用。其馀授课，皆略观十分钟时（课程表用书表别录）。最后，至讲堂，设备亦如前阅各校。至体操场，观角抵术，二人相持，地铺厚荐，虽仆不伤，教习言此名柔道，亦名柔术。观击剑术，则皆以铁网罩面，以革蔽身，用竹作长剑，尽力击刺，以中要害为主。教员亦蒙面裹革，由学生奋击，口中亦作呐喊声。骤观可骇，实则注意体育者至矣。兵式体操，则皆持单响毛瑟枪，不异军队之演习。又每年由教习率领作行军队，春秋二次，往往出外二十里许，次日始归（约中里一百二十里）。又教习率学生旅行，搜求动植陆海各物标本，以验学生进诣，而等第之，学之所以实也。校长赠考察勤惰表、用书表、检定成绩表、预算表、检查票、明细簿、教室日志等，详为解说，皆条理可法。是日，校内伦理教员雏田作乐文学士同导观，为言中学校有教室主任，主任者，例如理化教室，虽不仅用一教员，而于数教员中，择

体育课开设柔道击剑兵式体操科目

一人专理此室事。任专则事皆不繁而理，当仿行之。

东京师范

二十二日　辰，阅视东京府师范学校（赤坂区青山北町）。校长泷泽菊太郎，教育家也。导观各教室及讲堂等（课程表别录）。教室内每一人几凳皆相联，几面以铰链附其下，可以折上放下。学生入座，俱由右达左，先将几面折上，坐定后，再将几面放下。其距离之远近，与身体恰合，看书时，将几面折上，置书，作上高下低之平立度，不平置也。平置则书之上行距目远，下行虽近，又须低头，且人之目光宜平视不宜下视。平置则须下视，平立则恰平视，可以不低头，不伤目。理化教室几凳，则周围一室之三面，教坛据一方，学生坐，以次递高。一几容二人，通室相联。前一人所倚之坐，即后一人所据之几之外面。不费木工，不占多地。师范生皆有寄宿舍，及自修室。自修室容十二人，尚绰有馀地。每几四人，二人据一面。几正中，置两面之小柜以限之，内可置文具，上可置书。壁上皆以木架板，为书阁，制作尤省便。寄宿舍二十四席，容十人或十二人，卧具皆自整理，扫除亦轮班任之。学生在教室自修室之时多，寝室则白昼一律开窗，以通空气。其馀标本图画各室，以及食室浴室炊室盥室，皆位置得宜，逐一细阅（有图别附）。直隶所设之师范学堂，教室十二处，虽近而不联属，殊不便于管理。且有寝室而无自修室，有教员卧室而无教员休憩所，远距半里，往返尤艰，宜改良也。此校设预科及讲习科。预科者，高等小学毕业，或程度稍不足，则入预科，修业限一年二

巧妙的学生课桌

自修室

29,9,22

年。讲习科者，无论男女生，毕业高等小学后，复在外自习二三年，有教员志望者，考选入之，一学年或六个月，即毕业，可充寻常小学教员。我国师范不足，经费不裕，尤宜仿行。野田言：现在小学教员，俸给不优，东京学生，大半欲入中学，不欲学师范，且毕业后，服务十年，不如由中学递进。故此校四百馀人，为东京府籍者，仅三之一耳。又言小学为国民教育，且全国普及，师范尤宜著意。现在日本有教育责者，更注意于此。此校附属小学校，男女生五百三十六人，分十四班，别有教员专掌之。而以师范各生为实地授业，称曰教生。大抵教室中或教员授课，而教生旁观；或教生授课，而教员指点。参观阅五时而毕。校长以师范生所作木金工数品、小学生所作泥细工纸细工各品为赠。晚，至浅草公园帕诺拉玛馆，观庚子天津事变写真画，无异身临其境，痛心无似。各剧场外，百货杂列，有大劝工场。东京市外之来游者，男女相属。至观音院古刹，有喷水像，颇可观，殿内焚香膜拜喃喃祷祝者相接也。

我国尤宜仿行

庚子事变写真画

二十三日　辰，阅视东京府女子师范学校（小石川区竹早町）。此校与府立第二高等女学校同地，并附属小学校，即前日观运动会之所也。女子师范学校，卒业限三年，服务限五年（课程表别录）。校长林吾一导观。其教室讲堂等，大致与师范学校同，惟自修室即为寄宿舍。因言：国俗皆以席地为便，男校自修室用几凳，寝室则仍席地。女校，除教室一律用几凳外，自修时仍以席地为便。

东京女子师范学校

寄宿舍皆席地，故不再设自修室。室内可容十二人，瓶花低几，书卷森罗，清无纤翳。卧具别置一室，加扃钥焉。寄宿舍由女舍监掌之，参观者非特许不得入，立制綦严。观理化、教育、裁缝、国文、地理、历史、体操诸科。至割烹教室，炊具刀砧皆备。有二灶，一为洋式馔，一为本国馔。此邦烹饪，不甚发明，然皆从教育而来，亦未可厚非。观各毕业生所作写生画数十幅，皆绢本，神采生动，瓯香馆不足多矣。习字无不悬肘，皆松雪笔意，娟秀宜人。此两端亦为吾国所不及，对之汗愧。阅作法教室，校长持用具相示，有酒盂酒樽刀箸盘匜等物，内则子事父母妇事舅姑遗意，何图于海外见之！此外浣濯室（自行涤衣之所）、理发室，为他处所无，盖师范生无不住校者，每星期距家近者，可一归省，馀皆不得外出，故设备尤完全。《葛覃》不废浣濯，礼失求野，三叹不置。

割烹教室

高等女校

观高等女学校，大致如前日所观。野田言：师范生皆官费，校内一百七十馀人，高等女学生皆自费，达四百馀人。两校并立，教员教室及理化器械等，可以互用，经费尤省，且征自费者之授业料（即学费之意），除用出外，尚有赢馀，可以补助师范生经费，于此可悟办事周转之法。附属小学校，则男女并授。师范女学生，亦实地授业为教生。其教导幼童，较男生尤善。又卒业高等女学校后，不必入讲习科，亦时有为寻常小学校教员者，谓之准教员。我国师学久废，女学不兴，为童子师者，又皆因循苟且，窒聪塞明，呫哔坐荒，一何可叹。午后归寓，拟访

29,9,24

井上哲次郎，电话询之不值。

二十四日 辰，阅视高等师范学校（小石川区大冢洼町）。此校为文部省直辖，故府视学御园生金氏，今日不陪视，校长即嘉纳治五郎，曾游历吾国者也。校舍今岁甫竣工，共阅三年始成，构造尤备。高等师范之宗旨，以养成师范学校中学校之学校长及教员，兼研究普通教育之方法。学科分预科、本科、研究科、专修科。本科为五学部：曰国语汉文部，曰英语部，曰地理历史部，曰数物化学部，曰博物学部（有细表别录）。专修科：曰修身教育专修科，曰英语专修科，曰地理历史专修科，曰物理化学专修科，曰国语汉文专修科、修身体操专修科。预科限一年，本科限三年，其程度较师范学堂课程，更加精深。专修科限二年，其程度则为充师范学校中学校高等女学校之缺员，应其必要而置者。研究科，限一年以上。此外又设选科，凡有师范学校中学校高等女学校教员之志望者，得选本科各学部中之一科目或数科目而学之。但无论选何科目，必须兼修教育学。其授课仍与本科生徒同在一部，学期亦限三年。先阅图书室，层楼三级，插架无隙。吾国书籍，亦大致全备。其条规则一仿帝国图书馆。次观讲堂，闳阔能容二千人。阅理化、博物、图书各特别教室，皆有标本室、准备室及生徒实验室，与教室相连属。动物室中，有全骨一具。各校皆纸造模型，此则真骨，细阅移时始去。历史地理室中，有石鼓文拓本高悬，为说概略。教员持图画二人皆唐代衣冠者相示，言此系唐时遣名僧及学

高等师范文部直辖

无论何科必须兼修教育学

日遣唐僧 生等一百二十人，往中国留学，共乘一船，此监督安倍仲麿也，至中国，食邑五百户，赐姓为吴；归国后，仿唐制定冠服形式等级。变法以前，皆沿旧制。因思日本名称习俗，沿唐宋时代者颇多，当日受学我国而来，此日取法欧西，学校如林，我国又复受学而去。学不限以方隅，不唯其名唯其实，灌输交换，匪只公例，抑亦优劣胜败之主要机关乎？校内教谕五十馀人，皆一时名家。后藤牧太 后藤牧太之理化学，那珂通世之东洋历史，桑原骘藏之东洋史教科书，元良勇次郎之伦理学，邱浅治郎之生理学动物学，皆经编译处翻译，今为直隶师范学堂教科书者也。此校学生，皆笔受讲义，教员亦不专据一书。讲授时，皆详审精确，反覆以尽其致。汉文讲师 听汉文讲师宇野哲人讲授“左氏传”及“老子”，学生皆极意体会。吴挚老谓此邦不复措意汉文，殆为中学以下而言。此外金工室、木工室、食堂、操场，皆周历一过。嘉纳赠小学校教授细目一册，因言：“此校附属之中学校小学校，迟日可一往观。”是日，野田义夫偕其妇来，亦高等女学校卒业生也。晚，至本乡馆劝工场，百货杂陈，电灯照耀如昼。

女子高等师范学校 二十五日　辰，阅视女子高等师范学校（本乡区汤岛三丁目）。校长高岭秀夫谈片刻，其干事导观各处。先物理教室、化学教室、图画教室、博物教室，学生亦皆笔授讲义。至各标本室，大略与昨观之高等师范学校同，历史地理，亦皆有标本室。教员一人，正翻阅各地图，为言凡教授地理，必须先本处，次远处，先本国，次邻国，由

29,9,25

近及远，万不可忽。因指吾国图言，其教授生徒之法，必先教近于日本国之某省，以次递及。其教授本国，则先由学校所在之地授起，亦以次递及。无论何处何学，皆是如此。次观裁缝、习字各教室。至寄宿舍，则层楼高敞，廊腰漫回，每室容十六人，各有寝台，栉比室中。卧具以白布外罩，尤为整洁，非复席地矣。自修室，假大讲堂为之，容四百人，一色皆电灯，每二人据一案。有额书言温气和，七十馀岁老教授南摩纲纪所书也。理装室，通自来水管，洗头頮面，皆以冷水，导者言于卫生上有益，亦习惯耳。食堂可容数百人，长案条列。饭则每四人一小蒸笼，热甚，菜则一炙一羹，人各为器，不杂羼也。壁上，悬一食谱表，某日早食用某馔，中食晚食用某馔，眉列甚详。询知是由学生公议，每星期一易焉。吾国学生多因吃饭喧闹，法之不善，抑又何尤！宜仿其意，照学生之饭资多寡，定为每人菜几盂，饭若干，由监督告厨役，凡照资可以办应时可以备者，详具食谱（或一月一具或两月一具），每星期前一日，学生公酌若干品，条书而阄拈焉。拈阄之时，先写定一星期日数，每日又分早中晚，拈得某品，即行填注，不得挪移，以呈监督，监督受而交厨役，并揭示于食堂。除不精洁不如数外，不得无故挑剔。每届食时，教习或监督一人到堂，观其烹饪不适者，及学生容止不正者，不按坐次者，哗者，踞者，笔记以呈校长，或亦息纷养德之一助乎！此校宗旨，为养成女子师范学校、师范学校女子部及高等女学校教员、兼研究普通教育及幼

食堂食谱学生公议

儿保育之方法。学科，分文科、理科、技艺科，修业限四年（课程表别录），服务限五年。亦有专修科选科，与男校规制相同。本校生徒三百四十四人，合附属高等女学校小学校幼稚园，共一千零三十一人。阅毕，至幼稚园，观群儿唱歌及游戏体操。操毕，教习以俗语演说史事，演说过半，即悬一图画示之，如“二十四孝”之类，群儿列坐，极为乐听。

观菊会

午后，赴观菊会。先日，由宫内省具帖，其文曰“宫内大臣奉皇帝皇后两陛下之命，兹致敬意于某人贵下，来十三日于赤坂离宫御苑，开观菊会，招请”云云。二时由公使馆前往。地极幽雅，泉石清冽，树木蓊郁，红叶尤艳。菊类甚备，皆植于地，而覆以高幕。有一本一花者，高低一律，斜行而间栽之，一望无隙，而灿烂中别具疏落致，标名皆为贵品，施绣幔焉。有一本开至一千一百五十花者，其名赤城，色浅绛。有一本开至一千花者，其名金英，色黄，干之高低，花之层次，皆人工为之，而朵之大小，不相悬殊，则巧夺天工矣。日皇后亲临，随从者数十人，皆西装。行幄所在，凡檐幕栋柱，皆以小花五色菊饰之，团簇如锦绣，真菊世界矣。与吾国公使同班觐见，行握手礼，从西制也。树木掩映间，皆罗列几案，随意坐息。酒馔皆西式。军队以乐侑食。东西各国，自公使以下及本国官男妇不下千人。五时许，筵毕，归。

日皇后亲临观菊会

盲哑学校

二十六日　辰，阅视东京盲哑学校（小石川区指谷町），校长小西信八。此校专收盲人及聋哑者，亦直辖文

29,9,26

部省。其馀公立私立者，有白痴学校、感化院等，多为慈善所开设，皆以教育感觉机能之不具者，或精神作用之缺损者，令其得自立之道为宗旨。日本初设此校，在明治八年，与教会合办，后乃独立，大概取法德美各国之制而变通之。有凸字法、读话法、表样语等，其教盲者，初亦用汉和文作凸字，教之用指端辨点画，以触觉代视觉，久而知其不简便，乃舍通常之字形，而以五十音字母，分配为各种圆点，缀合之以代字（教英文亦如之）。其书皆用厚纸，以印刷器械印为凸点，以手代目而读之。地图各种，亦皆凸起而可扪读，法乃盛行。其学科，分寻常科、技艺科。盲者寻常科，为国语、算术、讲谈、体操；哑者寻常科，为读方、习字、作文、算术、笔谈、体操。盲者技艺科，为音乐、针治、按摩；哑者技艺科，为图画、雕刻、指物、裁缝（有细表别录）。总使国无弃才，人皆自立，直可弥补造化之缺陷。先观教聋哑生法。教员以口之撮齐、唇之翕辟，示字之读法，不必有声，而缓缓教之，皆能识其字；复以手作表样语，指示其意，久之文义自通。程度稍高者能笔谈。至图画室，观女生数人，据案作画，神致静逸，不觉其为聋哑也。画皆设色工笔，亦有写意画。导观者云，将以寄美国博览会者。至针治处，观盲者针治病人，以手按穴，不爽毫发，针入亦极合分寸。至音乐室，聆其所奏，沨沨可听，非复俗响。有草书长幅，云是盲生所书，印章镌“不知姣者”四字，趣甚，笔势飞动有法，恐不盲者亦未必及也。小西云：“盲者作字无甚

盲文衍变

盲哑教育

哑者作画

用，今废此科矣。”观哑者所作嵌木各画，有墨竹一幅，鸟一，蜘蛛并网一，看似浓淡墨画，实则以黑木之深浅者嵌成。尤妙者，一笔之中，墨有浓淡，亦以其木色之有浓淡者，配合之，神乎技矣。至雕刻、裁缝各室，则皆普通用物，自食其力，尚有馀也。其馀标本室、寄宿舍、食室、浴室等，设备甚全。校中有盲者戴眼镜与人言，亦作俯仰周旋之状。哑者亦修洁，不似痴聋。小西云在校数年，生徒不能一语者，久之，颇亦能言。因令盲生二人来，以予名刺及翻译名刺，按其作点字法，分令扪读，一字不误。又令女生聋者二人来，教员翕辟其唇，寂无声，而学生已知予姓字，以和文译汉音口答。据云，此二生皆不能言者，近则颇能发音。陶淑之功，不仅医治之力也。小西取纸册，倩予留题。为作十二字，渠喜甚。因言：中国此学未兴，残废之人，更无生路。闻烟台有欧西人，收养盲哑者教之，但是教会所立，与本国无影响，不宜诿而不顾，让之外人云云。又言：若仿点字法制字，亦殊不难。予因言：中国现亦有议作省笔字法者，无非欲令人皆识字。但其识认虽易，而按之通行所用字，仍与一字不识无异。予归国后，将仿其法作点字，专为教授盲者之用。字既省略，记认亦易。渠言：倘有所询，皆当忠告。如字可成，盲者明矣。当寄我一睹为快。呜呼，我国实学未兴，不盲不哑之人，尚皆在聪明未启时代，安得尽人热心，如小西校长者，一为发蒙启瞆乎哉！

议中国之盲哑教育

二十七日　星期，各学停课。辰赴高等师范附属之中

29,9,27

学校，观运动会。此校与女子高等师范，仅一篱之隔，有至圣先师殿，并设博物教育馆。凡关于教育用品者皆备，以便参观。天津严范孙前辈子严智崇留学此校。至来宾席坐片时，观计算竞走、徒竞走等。昨日观大学堂运动会，有曰棒飞者，立二标竿，高约二寻有半，上浮置一横线，一人拄棒，飞越而过，线不少动。吾国军队，尚有习此者。至体操一端，学人则以为不屑，实则体质脆薄，日即颓惰，于力行一训，多所愧缺。三达德为入道之基，曰知（知育），曰仁（德育），曰勇（体育）。中西言教育者，殆如一贯。世界发明，日有进步，彼早力求实际，吾仍掉弄虚机，名曰守旧，而旧法荡然；侈号维新，而新机未蘖。《大学》言明德、新民，《中庸》言至诚动物，试思日新之说，仅作口头禅乎？抑将推而见诸实事也。能尽物之性，则能赞天地之化育。仅大言欺人乎？抑将有所发明而至于位育也。物之大别，不外动植矿化，此外无物也。自汽力电学之发明，往返二十日之程者，不二日而归焉。音问数千里而不通者，一时间而达焉。竭数十百健夫而不举之物，穷数月组织而不成之工，一二人移转之而有馀，一二时操纵之而已就。此不必巧算为之比例，而用材之多寡，人力之劳逸，时日之迟速，必有能辨之者，故曰可以赞天地之化育，故曰思诚者人之道也。而其原实在注重体育，绝无畏难苟安萎靡不振之习。古人运甓起舞，岂好劳哉！嘉纳治五郎，年近五十，其学校内角抵之术，尚躬自入场，年少者或不能敌。穷年矻矻，不以为劳，知伛偻罢

严范孙

撑竿跳高

嘉纳治五郎，日本“柔道之父”

软之不足有为，而贞固足以干事，非空言也。午后，赴中华园吾国留学者欢迎之会。晚至宏文学院。

参观东京高等工业学校

二十八日　辰，阅视东京高等工业学校（浅草区）。校长赴美国散路易博览会，代理者未通名刺，颇言工业之学，增助文明，振兴国势，与国家极有关系，不第制造百货，为裕财富国起见。颇劝吾国振兴工业，开办学堂，须先从平实处着手，以渐发达。其词微，其意深。此校教科，分染织科、窑业科、应用化学科、机械科、电气科、工业图案科、建筑科，其目有七，各为专门，三年毕业。科目之外，若伦理学、数学、物理学、化学、一般应用化学、应用机械学、图画、机械制图、物理学实验、化学分析、工业经济、工业卫生、工业簿记、工场建筑、英语体操等，称曰共通学科，无论某科生徒，于三学年间，配当其时间而课之，以为各修专门教科之基础（有细表别录）。先观制图室，各生画图，皆先摹实形，以为练习。又有摄影写真，作石版等事。盖无论何项工业，非图不能明显，故图为最要。次观定性分析室，次观应用化学科工

石硷（肥皂）

场。有吾国学生一人，学作石硷（即洋胰）。次观机织分科工场，如纺纱织布、取丝、起毛、砑光、展宽、浆洗等各机器，皆用蒸汽力。次观捺染工场、色染分科工场。此五处，皆有教员率学生实修，一一为予详说。次观窑业科工场、水簸场等，则学造各种陶磁器者。次观电气机械分科场，次观锻冶室及机械科铸造室。此为最要，周回数十室，苦不能详。但每室所作各工，各有教员指授，学生自

29,9,28

行实修。次观成绩品陈列所，窥豹一斑，已无异众山一览。盖不第拘守成规，而主要在发明进步也。各生入学之资格，凡毕业于中学程度之工业学校，及毕业于中学校者，由本校试验合格，自行认定，专修某科。但既入此科之生徒，不得再转学彼科，以防心志不专。此外有选科生、听讲生（入学以后专学此科而愿傍听各科之讲义者）及专攻生（毕业后仍欲研究者）共四百五十一人。此校附设工业教员养成所，及附属职工徒弟学校，及工业补习学校。职工徒弟学校生徒，以年龄满十二年以上十六年以下，毕业于寻常小学者入之，大抵皆平民有志于工艺者。分金工科、木工科，皆有工场，为现业之练习。吾国设立工学，当以此为始基，毕业速而收效易。徒事铺张，庸有当乎？ 研究生

二十九日　阅视东京高等商业学校（神田区）。校长松畸藏之助，导周历各教场（教室此名教场）。此校宗旨，为施商业上必要之高等教育。有预科（一年）、本科（三年）。又设专攻科（二年），卒业专攻科者，可得商业学士之号。附设商业教员养成所（各课程表别录）。其教授要旨、学科细目极详晰，暇时，当译录别纸。吾国商部初立，方议开办商学。今细察此校制度，非为教经商之人起见，实为教商业竞争商务保护之人起见。凡卒业优等者，若外洋领事署、本国税关银行会社等，皆任事焉。吾国留学此校者五人，王宰善、陆世棻毕业回国，已留为司中随办人员，似亦用违其长。窃思商部既开商学，仍宜多 东京高等商业学校 商部初立

选派熟习英日文者，留学此校，再游历各埠，熟察情形，回国办事，取径较速。此校于吾国语，及英法德俄意大利西班牙朝鲜各语，皆有教习。吾国人张廷彦，在此为教师，为言“非通各国语言文字，于商业上必不能进步”，自是通论。观毕，至商品陈列所。楼上下共分四部：一工艺品，二农产及水产，三矿业品，四铁器机械及建筑材料。为类二十有四，几为无所不备。吾国制作各品，则别置楼下一室，磁漆器及织物为多，然尚不及百分之一耳。其陈列之意，凡品质之良否，产地之异同，采集及制造之次序价额等，皆鉴定而识别焉。此校距高等师范附属之小学校为近，并往阅视。校分三部（课程表别录）。第一部学生极整齐，其学科为寻常四年、高等二年，即入中学校；第二部寻常四年、高等四年。两部课程，与各校大同小异，而编制有法，教员皆高等师范卒业生，教法尤善，实足为各校之模范。每日东京内外、公私所立小学校教员来参观者，踵相接也。观第一部寻常一年生修身，二年生算学，高等一年生英语，二年生国语；第二部寻常二年生国语，高等一、二年生地理（一年二年生在一教室而别其坐次），三、四年生理科。细观其教授法，颇有他校所不及者。此外手工室，讲堂兼唱歌教室，屋内体场，皆阅视一过。时诸生正体操，高等者男女分别，亦极应注意也。此校主事小泉又一（凡附属之学校不称校长而称主事）、教员佐佐木吉三郎、棚桥源太郎，皆来面话。佐佐木为讲国语教授法，井井有条理，拟倩其作一表携归，以

国人张廷彦在此为教师

高师附小各校模范

29,9,30

资参考。午四钟后，至公使署。

三十日　微雨。辰，阅视美术学校（上野公园内）。校长正木直彦，剧谈甚畅。出吾国陕西三原县昭庆寺石佛摄影示予，并言国家设立此校之意，在精益求精，更无止境；且各种美术，发明不易，若不设学教授，并恐年久失传。故凡图画雕刻精美各术，不惮十分考求珍护，大抵借东西洋已经发明之术，而益穷之以致其极。不第为工业商业上起见，实以继往开来、助文明之进步。其修业为预备一年，各科四年。其学科曰绘画，曰图按，曰雕刻，曰建筑，曰美术工艺之诸科（内分雕金、锻金、铸金、漆工各分科）。亦设研究科及选科（各课程表列录）。先观绘画科之日本画写生法教室。凡花草禽鱼等，皆以生者为画谱，务求其肖。次观西洋画科教室，世所称油画也，尤重起稿，名曰木炭画，另为一室（以木为炭而写形于纸，误者则以面包或海绵拭之。中国古法也。）凡绘画共十馀室，无不殚思研虑，至以生人为模型而写之，全身毕现，以为非此不肖。佣此等人之值，每一小时二元矣。次观图按科。凡制成之物，与将制之物，皆详图之，一则留制成者之形模，一则备制造时之对照。亦七八室。次观塑造室，其初学者以雕成塑成之物为模型，其艺稍进者，亦以生人为模型。其馀雕刻木石铸金漆工等室皆有成绩品，灿然可观，而皆基于图画。日本工艺之发明，不得谓非此校力也。铸金室，造铜狮二，神采生动，仿动物园真形，与世所传迥异。午后阅视音乐学校，亦在上野公园。校长大

美术学校精益求精

裸体模特

参观音乐学校

岛义修，即接渡边龙圣之任者也。校分三部，为声乐部、器乐部、乐歌部，其修业为预科一年，本科三年，研究科二年。别置师范科，为养成师范学校中学校高等女学校及小学校之音乐教员而设（各课程表别录）。此邦各校，无不有唱歌一科，所以激发忠爱，涵养德性，深得古人乐学之意，声音之道，与政通矣。用器皆洋琴及风琴，旧器之存在，为筝耳（如琴式十四弦）。洋琴之大者，值数千元，亦皆购自欧西。予以中音为鼓一曲，大岛称许之，颇言吾国各学，亦急宜设此科，正可与渡边考订切一，并言本校曲调，多用西谱，而歌词则本国自作，教师用俄法德美人各一，馀皆本国人。是日正值合班演习，在奏乐室（即大讲堂）。沉雄慷慨，万马嘶风，则军乐也；小鸟对鸣，奇花自丽，则联弹也；海山苍苍，刺船竟去，则别歌也。听之忘倦。奏毕，至各教室及自习室，周览一过而归。

此邦各校无不有唱歌一科

参观第一高等学校

十月初一日　辰，阅视第一高等学校（本乡区），校长狩野亨吉，理学士文学士也。此校为教授专门学科而设，亦即为入大学之预科。但卒业中学校学生，除入各种高等专门学校外（如高等工商医各学校），凡入此校者，皆以大学预科为志，不仅志在专门学科，故现行者实即大学预科之规程（吾国各省之大学堂亟应仿照此等规制）。学科共分三部：第一部，为志在入法科大学文科大学者而设；第二部，为志在入工科大学理科大学理工科大学及农科大学者而设；第三部，为志在入医科大学者而设（课

29,10,1

程表别录）。修业年限：各部皆为三年。其入学之试验有二：一为预备试验，就未卒业中学校，而欲入高等学校者行之；一为选拔试验，就既卒业中学校，及预备试验合格者行之。其教授皆大学卒业，得博士学士号者。惟外国语西洋史，仍用英法德各国人。程度愈高，考察愈宜详尽，而记忆愈难。是日，观理科一部分各教室授课情形，并标本器械室图书室，及体操之兵队训练，馀仅周历一过。其寄宿舍，共分五寮，舍监掌之。约一室容十人，可共容八百人。现在学生达千人，在寄宿舍者七百馀人，其馀皆宿外舍。食堂长数丈，案长丈许，栉比而列之，清洁绝尘，馔一盂而已。至光学暗室，闻有教师新作透光镜，特索观之，与我国汉镜之透光者无异。询其所以然之理，校长所言，亦只大概。教员数藤氏能详言之，惜正在授课，不能一询颠末。此镜之制，近四五年间，德意志人始发明之，日本亦甫能仿造。我国二千年前，即已有专家，制作精绝，自汉以后，竟失其传，至不能言其理。一物之微，尚让人独步，为可愧耳。先日，外部省函请观华族女学校运动会。午后，前往。此校专为教华族女子设者，士族平民之女子，亦准入学。其学科，为初等小学、高等小学、初等中学、高等中学，自年龄满六年为始，至十八岁为限，经费皆出自国库。是日，皇女常宫周宫，皆来莅观。所习与前所阅高等女学校运动会，大同小异，而皇族贵胄之女，不第讲求实学，且视体育为重，各竞所长，尤属罕见。晚赴嘉纳治五郎之招。

透光镜

华族女校

东京帝国大学

初二日 辰，阅视东京帝国大学（本乡区）。日本大学凡二，一在东京，一在西京。此行视察学校，自幼稚园，而寻常小学，高等小学，中学，高等学，大学，以次递进。至此颇有望洋之叹。大学之设，以应国家之须要，教授学术技艺，且攻究其蕴奥为宗旨。其别有六，曰法科大学，医科大学，工科大学，文科大学，理科大学，农科大学。修业年限，皆为三年，卒业后，可得学士称号。又有大学院，则研究精蕴，其在学之期为五年。全学有大学总长，又有分科大学长，即统理各分科之学务。各分科置讲座，教授担任之（学科类别及讲座数目别录）。大学总区之中，分为五区（法医文理工至农科大学，则在府下驹场，以必须与验试场近也），一区之构造，半日周历之而不能尽。是日先至事务室（各科皆有之），遂观法科大学各讲座。教授皆自作讲义，学生笔受之。每一室，可容三百人，学生座次，有以渐而高者（如各校之理化教室），有平列者，大抵皆环讲座而坐。讲台之上，有木板，作卷棚，以故教者所发之音，不外散而远射，学生所坐，无论高低远近，皆得闻之。次至文科大学，历十馀室遂至图书馆，周览一切。有史科编辑处，凡关于本国之古物旧闻，皆摄影存储，以备参考。有写真册数百品，择其极要者观之。凡千年前写经卷子及古画，皆备焉。三百年前，所绘地图，其帆船交通之航路，恍惚可辨，若寒带热带各地，则皆注此国是否有人未定云云。自汽船发明，遂至视万里若庭户，亦百年间事耳。午后，阅视医科大学，

修业年限皆为三年

教授皆自作讲义

古物旧闻摄影存储

29,10,2

并附设之病院。此邦医学，纯用西法，通国中主旧法者，一人而已。至眼科病室，多主割挑。其针盲之法，则巧于吾法之金针拨睛。教授出纸造眼球模型示予，予因询下睑细孔之构造功用，则模型之所不详也。移时，持一玻罐来，内装人面之半。教授取出，以长针自细孔穿入，而出于鼻孔，言此名泪腺，与眶内泪囊相连，而通鼻孔，故凡饮泣者，其泪出于鼻云云。又出真睛，及初生小儿睛，皆半切，而浸酒精内。此种标本，非海外不得见。至皮肤病室，凡创沴霉毒癣疥等疾，皆以蜡作人形，而详肖其病状。有所谓毛病者，其创为细粒状，内皆生一毛。予因询此病，是否亦属虫患。答言：凡癣疥等病多虫，此非虫也。病室分一二三等，皆有看护妇为之服役。不能行者，则以藤床有小轮者，推之而行。病室大抵皆在楼上，清洁高爽，较他处尤胜。至外科室，则医伤科处也，一切器械皆备。分大手术、小手术，有消毒室。导观者言伤科以消毒为最要。至各实验室，观试验动脉机器。置烟煤纸于上，有细针指之，以手腕置机上，凡脉搏之迟速，皆画于煤纸，纸上有度数，知大小迟数焉。又有实验动物器、人工呼吸器，导者一一详说。历十馀室而至解剖教室，正值解剖一人。导者云：此系特别解剖。凡在病院医而不愈，本人遗言物故后，愿剖视者，则为之。因得遍观皮肤之组织脏腑之位置构造各形状，与近世生理学书所图为详。室内有自来水，涓涓流出，无他气味。一人手剖而口述，一人笔记，学生数十人环而观之。日本俗尚佛法，至今多用

此邦医学纯用西法

毛病非虫

遗体解剖

火葬。舍身医院，尚存标本，固无嫌耳。理科工科两大学，亦一周历。野田言：授课程度，自较昨阅视之高等学校为更进，尤以发明新理、力求实用为重。此时参观学制，但得其主要可也。综计各大学科毕业生，自明治九年至三十五年九月，共四千九百八十八人。今在学之学生生徒等，共三千五百二十二人。

初三日　辰，至文部省，晤总务局长冈田良平、实业局长真野文二及文书课长松村氏，导观各处。文部官制，大臣以下，设总务局，局有长，局分六课，曰人事课、文书课、会计课、图书课、建筑课及学校卫生课，课皆有长。课分为挂，人事课挂二：曰职员挂、庶务挂，文书课挂四：曰庶务挂、往复挂、纪录挂、报告挂，会计课挂四：曰出纳挂、用度挂、监查挂、教员恩给挂，图书课挂二：曰庶务挂、检定挂，建筑课挂二：曰设计挂、庶务挂，学校卫生课挂二：曰庶务挂、统计挂。挂亦有长，长以下，名为属。总务局以外置三局，曰专门学务局、普通学务局、实业学务局，专门分二课，普通分三课，实业分二课。局长之下，置课长，课之下则不复置挂，但属而已。局课各长外，有专任参事官四人，专任书记官三人，专任视学官五人，专任图书审查官三人，专任技师四人，专任技手十人，学校卫生主事一人，全部之称属者六十五人。又有学校卫生顾问，及学校卫生顾问会议干事等（省章甚详，别译录之）。观其办事之现状，无非遵守规程，勤于趋公，所难得者，自长官以及其属，皆大学卒业

文部官制

长官部属皆为博士

29,10,3

得博士学士号者。凡学事之纤悉曲折，无不洞然了然，故决议一事，不繁而解，不劳而理。或事多而员仍少，则暂雇之，亦皆大学毕业之学士也。每课长室，置考勤簿一册，人占一幅，为格三十，或三十一，如其月之日数，凡到部办事者，以某钟点为限，到者即自将其姓名小印，印于格内，如某人逾二刻不到，则课长用墨印，印迟到二字，于不到者之格内而扃其簿，午后某刻散值，即将办而未了之事，交当值之人看守而已（办事之时刻冬夏不一，大约夏以辰八钟、晚三钟，冬以辰九钟、晚四钟为限。暑假皆轮流赐假，星期皆休息）。课长室与各挂室皆相连接，各挂则同在一室，而别其坐次，局长室又多与课长室相连。每办一事，无通谒延待之劳，有会商集思之益，以故人为偷闲，事无隔阂。松村导观毕，已午后二时许矣。此外有高等教育会议等事，如司中所设之研究所，备载类抄中，不复觌缕。 科室相连事无隔阂

初四日　星期，未出。综观各学校形式之事，无非日渐改良，期如合乎程度。至所谓教育精神者，其主要可得而言。寻常小学、高等小学，以启发知能为宗旨，实则首以忠君爱国之意，确切印入于儿童脑中者，则唱歌一科为第一注意之所在，而以国语为统一之用具。次则使知对家族之关系对会社之义务，明公德，合公理，则修身伦理科是也。知世界之现状，明古今之大势，皆以现在国家关系为之的，而以力求优胜为之矢，则历史地理科是也。至若算学理科图画手工习字，无空谈，无泛骛，要皆日用必需 教育精神

之普通知能而已。中学以上，则以实业为主要，农工商皆发达国力之具，而纯以切实练习其业为主。明其理即作其事，无空言也。高等学校以及大学，凡法理工医等科，进而益上，研而益精，备国任用者在此，发明新理者亦在此。至体操一科，则自幼稚以及大学，尤汲汲而不一懈。是唱歌为教育之心，而体操为教育之骨矣。故自其脉络言之，实为全体贯通；自其等级言之，小学为国民教育普及之程度，无贵贱贤愚，悉令受学，皆民生日用所必需，无容或缺者也，此教育之阶段一。中学以及实业，则为养成能胜职业者之程度，学求有用，即知即能也，此教育之阶段一。高等以至大学，则为养成主持政法，指挥职务，发明理要者之程度，学无止境，人材不可胜用也，此教育之阶段又一。三者互为联属，亦各成阶段，而以师范教育纬络乎其间，文部省提挈于其上，教育会研究评议于其际者，无非此精神耳。略记所得，当再就此邦名教育家证之。

唱歌为心 体操为骨

日用必需 教育之一

学求有用 教育之二

学无止境 教育之三

日新尝节 各校停课

初五日　日本新尝节，新稻成熟，是日荐新，各校皆停课。登高一览，万家烟户，悉悬国旗。午后，宏文学院诸生偕来。二时，至上野公园，观西乡隆盛像，为手牵一犬状。拟往观美术馆，不果，因遍览各劝工场陈列所。散步至不忍池，亦德川旧邸也。枫叶初红，水天一碧，颇忆大明湖上，残荷疏柳，掩映清波，此身不复在东瀛三岛间矣。

初六日　函致外务省，约期视察各处。辰间，野田学

29,10,6

士夫妇至寓，遂赴中黑馆摄影。午餐于中华园。晚至宏文外塾，观学生自修室。尚未炽炭，地僻风寒，似于卫生有碍。日内翻译甫定宫岛吉敏，为宫岛大八之弟，开学以来皆贺生培桐代办也。日本维新之际，留学欧美者，相望于途，至今犹年年派遣。凡留学者，皆通英美语言文字，故无隔阂之苦。吾国为急需师才，不得不变通为之，来学诸生，不通日语，必须译达，而能胜翻译之任者，殊难其选。盖翻译必稍通各种学科，方能词达其意。吾国留学日本千馀人中，有普通学而能熟稔日语者，正在励志修业，必不能弃彼就此，其自愿就此者，学又未必普通。以故展转咨询，只可暂觅日人试办。窃思直隶现设之东文学堂，学生半系幼年，若仿照日本高等小学程度，改定课程，毕业后，派遣来东，无论中学校师范学校皆可就学，既省翻译之劳，自无扞格之弊，似觉事半功倍耳。

翻译之任殊难其选

初七日　辰，至外务省，晤岩村成允，以电话致各处，约定时间，前往阅视。午至公使署。一时后，诣西谷农事试验场。凡土壤种植肥料虫类霉菌等，皆详加考验，析极毫芒，所储标本及试验器械，尤备。凡有改良之法，预防之策，皆编为浅近说略，分布通国，以故遐迩为农业者，皆日有进步。自国家设立此场以来，年中所费，殊为不赀，然统而计之，全国所得利益之数，实数十倍于本场所耗之数。日本农业，稻为大宗，自试验发明，收获日益，馀若果实烟草茗茶等类，及关于农业制造者（如甜菜作糖、芸苔榨油、小麦作酒之类），亦逐渐精进。总之

西谷农事试验场

农事实验普及大利

凡作一事，必穷究理极，反覆求之，不汲汲于贪目前之小效，乃能收普及之大利耳。此场不归农科大学，然种植考察一切，亦皆学生实习之，与蚕业讲习所毗连。导观者复引至彼处，吾国蚕茧百十种，及各国蚕茧百十种，皆罗列一室，详注产地。山东之椿茧槲茧，吾乡处处有之，而放饲之法不良，其丝亦劣。今观此种所作茧，所缫丝，皆颇精良，吾滋恧焉。至缫丝所，则女学生数百人，服一色洁布衣，各习其业。缫丝机器，各国皆备，用以试验良楛利钝，其动转皆借蒸汽力，其汤锅皆用自来水。缫出之丝，光泽绝伦。有一器铭曰“纤纤之丝，国之富源”，又一器铭曰“意正心正，则丝亦正”，寓学理焉。至标本室，凡蚕蛾、蚕子、眼蚕、病蚕，皆详示其状。目之所不能见者，其模型乃放大至数百倍或千倍。至养蚕室，观其养温通气之法，以寒暑表为之准。日本蚕多二化三化（一年数熟者），故考验尤详。予因询杀蛹之法，曰曝水蒸，似皆有妨于丝。导者言：茧内含有水分，故蛹得不死。若撤出其水分十之五，则蛹干而蛾不出。撤出之法，亦只蒸晒两端，但有定衡，自可无伤。此中细微，实验者自能辨之。阅毕，周历桑林，有吾国湖桑，其削枝留枝，亦颇用吾法也。晚野田义夫招饮于其家，出所著书数种为赠。

日本警务尤重消防

初八日　辰，阅视警视厅（麹町区八重洲町）。日本警务，本学欧西，而今乃过之。消防尤极注意，警视署凡在东京者十五处，皆通电报，其要事皆有符号，不复译文，以省时刻。如某处有火警，瞬息一律皆知，不五分

29,10,8

钟，而消防队可出，呼吸便捷，耳目灵通。凡户籍道路风化卫生捕盗等，皆警察责也。

午后，阅视东京裁判所（日比谷）。宏阔深邃，楼室旁通。观刑事裁判及民事裁判公堂，有上坐者五人，冠判官冠者三，为裁判官，其两傍为参事书记等员。阶下置木栅，高约人身之大半，有罪者立其中，栅约容十许人。犯者欲有所言，皆立而关白，无匍匐枷锁之事。栅外置长案，与堂上对坐者，则辩护士也，辩护士冠服，亦有定制，两造皆延辩护士，各为剖析。其言滔滔不绝，向堂上发言时，则起立。辩护士之左，则新闻记者，执笔而坐，每日所判之事，报馆皆登之于报。此外复限以二尺馀高之栅，一律长椅，可坐数百人，皆民人来观听者也。寂然无哗，然室内只警兵一人，佩刀侍立而已。予因询于两造，各执一词，又皆有辩护士剖说，将如何判断。答言：无论何案，悉以得其确实凭据为主，裁判者据法律以定谳，辩护者亦据法律以辩析，无刑求，无屈服，自然廉得其情。倘经地方裁判所判断，而心不服者，则来东京诉于控诉院。控诉院录其词，以至东京裁判所。倘再经判断而仍不服者，则控于大审院。凡裁判定谳后，应释应禁，司法省行之，裁判者但有判断权，而无行法权。盖其慎也。是日所讯者一为官吏受贿事，一为假冒商标事。民知法律，犯者日少，刑可措矣。晚赴富士见轩贵族院议员伊泽修二之招，座皆名教育家，吴生振麟为通译，因以所得者遍咨询之，渠颇惊叹。

东京裁判所

犯人无匍匐枷锁之事

成城学校

初九日　辰，阅视成城学校（牛込区）。吾国学陆军者皆在此，现复分设振武学校。主事者言：本校教中国陆军学生，纯以激发忠义并学识技能为主，凡一切革命平权等谬说，断不容令学生闻之。即各报之语失其当者，亦严禁阅看。国家教练军人，所以为国家致用也，若误入歧路，不唯无益，转有妨害于国家。本校所用教科书，皆为中国现行编纂，以期合程度而得实用。区区之意，可对友邦云云。言极肫挚，而谈锋颇利。因观各教室及标本室等，大致与文学校相埒。雨甚，不能观各操式。因至振武学校，吾国学生八十馀人，分为数班教之。食室寝室，清洁有法度，学监得人，故事多就绪，较吾师范班之在宏文者，苦乐殊途（各校皆称教室，此独称讲堂，或亦徇吾国之旧称。然不如仍称教室也）。夜中，大风雨。

振武学校

东京监狱

初十日　侵晓，放晴。阅视东京监狱（巢鸭村在东京外）。其周回可抵一城之大，墙不甚高，隙地颇多。正中楼房四出，其下为犯人寝所，列屋间居，室可容十人，卧具皆赭色，位置整齐，扫除极洁，皆犯者自理之。室以铁为门，门两傍柱以长石，无虞火灾及逃逸，而空气流通，不至郁闷。室内有书，有自来水，有电灯，我学堂之所无也。白日皆在工场作工，至晚归寝，点验而入之。点验不呼名，但呼所编之字号，以养其耻心，其字号皆钉衣上。楼上为讲堂，每暇日，聚诸犯席地坐，为演说修身大义，感悟颇捷。主讲座者四人，皆老僧云。又有教授幼年犯之所，楼上下皆十字相通，一人立于中，四周皆见。各

监狱设施

29,10,10

监狱管理

总门及各工场门，皆有巡兵数人看视。巡兵皆从学校中出，佩刀鹄立，奉公守法，无威喝凌虐等情事，令人忘狱吏之尊也。犯者皆赭衣，其极轻者为蓝色衣，不过三月，便在释放之列。周历各工场，观所作之工，色色俱备，金者、木者、竹者、雨具者、莛绳者、编草者，各就各室各人之位次，无一紊乱。其犯之极轻者，端坐成行，俯而检囷底土中之菽麦焉。见守狱官，皆俯首致敬。室外隙地，广种果实蔬菜。守狱官云，在此者八百馀人，食之不尽。其所作之工，售出皆归公用，复代蓄积其羡馀，俟年满出狱时给之，以免饿莩。其在监年限之多寡，大抵视所犯之轻重，而作工之轻重，亦视之。此邦变法以来无斩刑，除法所不宥应行立决者，用绞刑或枪毙外，馀则重罪为永远在监，次亦递有等差。若在监偷惰不作工，及复犯不逞，则视其过之轻重，而减其食之十分之几，置之惩戒所，令其向外跪坐，自一日以至三日，以思其过。屡犯不悛，则食亦屡减，以故凛凛无敢再犯者。观炊事场，亦皆犯人料理之。大釜如屋，米麦相杂为炊，香洁异常。炊熟，分置蒸笼内，有热气管通蒸气，以免寒冷。刻木为筒，由大而小，以次递减，即减食者之比例器也。另有圆木片，上镌号数，置之筒底，加饭而合于碗内，筒脱而字印饭上，以示某号之人所应食，免争端而防增减也。观养病院，药品甚备。凡病之易传染者，分别置之，不与他病者同室。其馀轻浅之疾，每日食后，皆集一室，端坐静默，听老僧说法，得大解脱。或由医者演说致疾之由，及卫生之理，乃

炊事场亦犯人料理

至忘其所苦。予来东瀛时，正值有朝旨各省设军流工艺所，因从典狱官索其详细规程，他日归国，当译录以备择用。典狱官请留题额，以作纪念，为书“宣慈惠和”四字。既而求书者坌集，皆此中官吏，挥洒尽十馀纸，托词乃免。

参观东京印刷局

午后二钟，归。阅视东京印刷局（麹町区大手町），规模极大。其印刷、刻图、写真、电镀版、印官报、抄纸情形，张巽之前辈所记与得能局长问答，亦既详尽，今一一目睹之，颇叹增进文明，印刷之功大矣。调查课，皆女子为之，其馀亦有女工。一色布衣，弥望如雪。晚食后，天气晴朗无云，偕野田至天文台。地势颇高旷，台长清谈娓娓，出天文写真各图相示。因至大远镜下，观土星光环，朗朗可辨。次观木星，在镜中窥之，宛如一月，其四卫星，仅见其三，其一为木星所遮，不得见。木星横亘之带，亦隐约能辨之。次观各星团，攒簇辐辏。次观参星偏右下之星云，明暗相间，宛如云气。野田言：星云之说，今尚未衷一是，大抵主德人某氏说。予询近年日本某博士新发现一小行星，名东京者，应在某度，因时已晚，不可得见。因纵言一恒星为一太阳之说。观五车星，其光熊熊。次观北极星，星下偏右有一小星，以远镜视之，仅可见，以目视皆无睹也。次观月中豁谷，向日背日处，火山喷口，皆圆状。有一大山喷口，予以富士山目之，台长及学生皆笑。秉烛遍观写真器及测度各器。夜漏尽数十刻，始归。

参观天文台

29,10,11

十一日　星期，未出。留学诸生来。午后至文部省、外务省及公使署辞行，皆未遇。归途阅觉九段坂劝工场。此邦工艺制造，已极发明，其原亦因贫寒之家，资以养生，不得不力求精进。我国地大物博，若上下实心实力，提倡奖劝，不数年间，外溢之利权，不难一旦恢复。亡羊补牢，未足为晚。若徒事搜求，不揣其本，因循敷衍，但骛其名，数十年来之已事可睹矣。晚，至小石川区第六天町伊泽修二家，晤谈。伊泽询我现在兴办学务之宗旨，予因言以小学教育之普及为主，而以急兴实业教育为辅，等而上之，请得更仆。世竞称新学、旧学、东学、西学，入主出奴，纷不可理。区区之意，无论新旧东西，但以切于实用之学为先。现在一国之学，既不足胜世界之竞争，当合世界之学，熔于一炉，打成一片。浑东西新旧之名称，追切于实用之精神，不以方隅限，不以时代限，其始也，权其轻重缓急而翕收之，久而久之，自成本国唯一无二之实学。如贵邦初用欧化主义，继复倡保存国粹主义，时会所关，始亦不能无所偏重。我国旧日之词章考据，既不切于实用，近世之人心风俗，又日即于浇漓。若波流靡极，无真精神主持其间，纵令内则学校林立，外则船坚炮利，如无等耳。故我国近日情势，当取贵邦所谓欧化及保存两派，合而铸之。其体则我国四千年相传之伦理也，其用则东西各国发明之科学也，要之皆切于实用者也。世界竞争，优胜劣败，前古战以身，近世战以心；前古战以兵，近世战以脑。区区学力太浅，恨不能副其所期，愿举一

办学宗旨

一国之学实用为先

得，与贵邦研究教育者，共质之。伊泽颇韪予言。

参观炮兵工厂

十二日　阅视炮兵工厂（小石川区）。先日，参谋本部函达派陆军大尉井上一次陪视，当以电话答复。是日，并翻译日员一人偕来。历观铸造各机厂。厂外皆有标本陈列，自初作以至成器，历历可数。如枪内机簧，必经八十馀次而工始成。统一枪各件计之，应经数十百次之工。此厂每日可成快枪五百具，则机力之为用大矣，而人匠尚在三千人左右，女工尚在七百人左右，人非机不能作工，机非人亦不能成器也。每厂所作，皆系一部分，至仕上场（犹言完全），而全功告成。馀凡子弹铜壳以至装药作成笔码，皆有机器，一一试验，微有不合，则悉捡弃，尤为精审。演习所用之笔码，皆装药而以纸为子弹，大抵捡查装药等事，皆女工为之，其精神尤胜男工也。北洋定造快枪正在赶制，井上持以示我，言一一所造皆是，子弹之大

北洋定造之快枪

小，与本国无毫厘差云。我国枪式不一，即同一枪式，而各厂所造子弹，尤多枘凿，贻误剧大。此邦为我国造者，乃与其本国一律吻合，用意抑何深远耶？自午后一时周览是厂，不停步者，历四时之久。河流四达，铁轨交午，平均计之，约行五十里程。井上言："视察过劳，厂长已备

后乐园为明人朱舜水所造

茶座于后乐园，可一休憩。"后乐园者，亦德川氏故邸，明人朱舜水所为营构者也，工厂即其故址所拓。园依山傍水，梅林蕉圃，坐落十馀处，足资胜览。有伯夷叔齐庙，及仿西湖等处风景。炮火纷纭际，得此顿如置身世外，井上武职而颇文雅，索予留题。因书条辐二十八字，赠之。

29,10,13

十三日　辰，野田、梁孟同来导。观市廛，购糯子各种。午后，冒雨至宏文，访嘉纳不遇，遂辞行。晚，赴野田许便餐。饮馔故作中式，知主馈者之聪明也。座有吴挚老赠诗长幅，因次其韵，为野田书扇。夜雨淙淙，漏下数十刻，罢酒，主客相对，有恻恻惜别色矣。

十四日　辰，至新桥停车场，宏文学生、警务学生次 离开东京
第至，野田诸君亦来送别。七时五十分，开车，途中穿山十馀次，如入黑暗世界，车有电灯，稍稍光明也。远望富 车过隧道
士山，高矗天半，积雪皑皑，峭拔如倒悬素扇。沿途山光水色中，橘子初黄，稻孙犹绿，风景绝佳。午后八时，至西京，本欲稍停，作一二日游览，酣眠而过。十钟至大 返至大坂
坂，仍寓川口元庆昌张元臣家。

十五日　至商会公所。吾国商人，借为团体之联络，亦要举也。大坂为商务荟萃之区，而非通商口岸，海外居留者，无指定之区，例可杂居。尚未设领事，统于神户领事而已。保商务，体商情，责在领事，可漠然置之乎？观水族馆，海中鱼介，诸类咸备，筑室为池，以玻璃为壁， 水族馆
蓄水其中，细鳞巨壳，分类标目，各为之界，上以汽机压空气，入于水中，故皆活泼泼地，乐同濠梁。有海驴二， 海驴
其声嗥然而远震，兽其身首，鱼其后肢，在动物中为哺乳两栖类，寒带产物也。饥不得食，向人作低首状。投钱于豢者，饵以小鱼焉。晚，张元臣招饮。询侍酒诸人，知皆毕高等女校业者，谈吾国历史，颇熟，愧汗累息，舌挢而不能下。

纸烟公司

十六日　作应酬字一日。杨韶九往观纸烟公司，请同往，未暇也。磷寸（即洋火）及纸烟二宗，皆畅行于我国，一皆日本所作，我国几无一人不用之，隐耗不可胜计。言商务者，讵可忽于目前而不先其所急耶？

十七日　雨晴靡定，继以雪珠如雹。寒暑表在六十度，颇似吾国秋季天气。仍作书一日未辍。在东京时，曾为野田书诗扇，今千里驰书，寄绢素来，请亦作长幅，与吴挚老书装为双璧。意不可却，当即书就邮寄。

电话交换局见闻

十八日　辰，阅视电话交换局。电话万家，绘纭交错，我所欲致电话之处，原无一定，势不能一一通线，故我室有电话，而亿万家之凡有电话者，皆可择而专与之对谈，而不忧旁泄，不虞窃听，恃中央电话局为之接线也。其安置处，在层楼，排列长柜，周布室中，一一注明号数，如小窗然。如我之电话号数为一千一百号，欲致话于一千二百号，但我处电机一动，则局中一千一百号机动，而小窗开，知为一千一百号，我将电话呼出所欲通话之号数，则局中应声而接线。接线之法，有无数之圆短小铜柱，司其事者，但听明号数，即以手持柱，插于某号之内，而我与对谈之处，局中不得闻也。一月费不过数圆，

电话之便利

而省时日，省足力。有事面商，需半日往返者，二分时间即已竣事。即远在千里，凡有电话之家，无不可以接谈者。但在外埠之处所，则视远近而有一定之加费焉。交换者耳为之听，口为之答，手为之记（记明以便向用电话家收所加之费，此其凭据也）。某人经手，则捺某之小

29,10,18

电话接线生均女工

印，亦不过一分时许。一色皆女工司之，列坐长柜下，手口耳目，无一刻暇，如万莺齐啭，亦文明界之特色乎？阅毕，至博物场游览。合动物、植物、矿物、古器物、绘画、雕刻一切物，及通常日用必需物，分场而列之。日用物分四室，皆售出品也。归途至商品陈列所，则世界各国之物品，皆分类陈列之，别其良楛，标其价值，以资商业之考证。备矣哉！

参观制砖厂见闻

午后，由难波乘汽车，至堺驿，观炼瓦场（日本砖谓之瓦）。砖皆机造，机为德国制。每机一日可造二万五千枚，炼成，坚如铁石，如吾国之汉晋砖，扣之铿然。其窑用石灰，不用柴，添火则自上而下。泥则取之于山，以舟载来。予索其泥观之，谓不殊我国。场长因取旅顺所造砖示我，其质极松易破，后以旅顺带来泥土所造之砖示我，则坚异寻常，因谓吾言为不虚，但制炼精则品质自异。此场一日可成五万枚，为国家特许专利，有功赏牌，遍悬室中。业不在大，顾所为何如耳。

十九日　周历大坂市廛。大坂水陆交冲，河皆通海。今海湾兴修船坞，约明岁可竣工。轮舶之由长崎抵神户者，将来可抵大坂海湾，于交通上尤便。盈河皆浅水小轮，以煤油代炭，清洁异常。东京市电车四通，大坂则街市稍狭。以小汽船补电车之缺，皆得利便。午后四时五十分，乘汽车，赴神户，寓田中旅馆。张元臣来送行。晚灯后，周游神户市上。百货山积，皆输出外国品也。

二十日　辰九时，乘小轮登横滨丸。十时开行，风浪平静，山色水光，与吾目相为迎送。小岛如舟，突出水际，树木茂密，山居者皆得淡水，沿岸亦无斥卤。日本地学家谓远古时代，此邦原与大陆相连，以故征之地层，凡热带动物之化石，时时见之。物非日本所有，又不能自行越海而来，其为当时无海可知，故谓之陆海。今观沿海各村，皆林木葱茂，不似我国近海数十里间，弥望皆不毛地，其说或亦不诬。

二十一日　辰抵门司，停轮。门司与马关对岸，因乘小汽船至马关，登岸一游。市中有寻常高等小学校数处，正值课毕，学生挟书回家，亦颇齐整。有古刹临海，长松荫日，俯瞰小舟泛泛。坐茶亭小憩，遂至春帆楼。春帆楼者，马关之大旅馆。甲午之役，李文忠与伊藤博文订约处也。有老女具茶点，出应客，因从索文忠小照观之，渠颇诩曾目睹中国李相云。午后回舟，三时展轮，经元海洋，稍颠簸。

春帆楼马关订约处

二十二日　辰四时，抵长崎停泊，午后三时开行。回望三山，五十日之游，历历心目。舟中满载图书，行装尤富，不似入海求仙者，可望不可即，风辄引而去也。

王景禧日游笔记

人名索引

五画

六画

九画

十画

十一画

十二画

十三画

十四画

十五画

双寿东瀛小识□

光绪二十八年（1902）

五月二十五日　参观成城学校等日本学校

六月二十日　参观日本警视厅

六月二十四日　参观东京府署

八月十五日　参观高等商业学校等高校

□据北京图书馆藏抄本

□赖某深校点

28,5,25

双寿东瀛小识

〔光绪二十八年〕五月二十五日　到成城学校。校为府县所立，分文武两预科。学级分五年，教程分数班，班各一教习，计共三十馀人。所授华生百馀，日生五百馀，皆以兵法部勒之，规矩井然，为私立学校之冠。其间私生虽多，用费颇省，闻每年不过二万元。以教习多自愿尽其义务之人，束脩甚微。日生又多不在校食宿，名为通学，月仅出资两元，费少益多。中学校莫不然，不独成城也。参观成城学校

二十七日　到上野美术学校，观学生卒业成绩陈列品。雕镂图画，无美不臻，即其学级一二年者，所作亦斐然可观。通商惠工，是亦强国之一助也。上野美术学校

二十八日　到陆军士官学校。校分四中队，共七百馀人。其学分战术、兵器、地形、筑城诸科，为裁成佐尉官之地。其宗旨以尊君爱国为先，规矩谨严，使人人皆习惯服从，莫不知廉耻礼让之可贵。凡战殁武官之曾隶该校陆军士官学校分为四科

者，于学生自修室中，各悬肖像一方，为来者劝。予指谓其校长曰："此真贵校之卒业生也!"校长肃然起敬。又师古者左图右书之义，凡各种科目，皆有型模，如战术则代以兵棋，其他物象森列，各校同之。

参观炮工学校

二十九日　到炮工学校。入校者为炮兵、工兵两科之大中少尉，修普通科一年，高等科一年。炮兵分野战、要塞两门，各分甲乙两班；工科则考究筑城、修路、桥梁、堡垒各事宜。其优者入大学工科。盖炮工两科之专门学校也。

参观户山学校及军乐学校

六月初一日　到户山学校。校为故侯旧邸，地势辽阔。打靶场即在校中。又有土山树林，于讲求形胜最便。就中设种种障碍，以便兵士实施。盖天然一大好学校也。校中科目，分战术、射击、体操、剑术四门，以步、骑、炮、工、辎重兵科各士官习之。要皆以修明战术为重，取各国近今战法，参考研求，择其适于时用者，逐渐求精，为教育各兵之进境。盖陆军士官之高等学校也。午到军乐学校，聆其奏曲三终，其辞皆慷慨激昂，用以作军心，张敌忾，有古者粗厉猛起、奋末广贲之音焉。

参观骑兵学校及附属兽医学校

初三日　到骑兵实施学校。入校者为骑兵大中少尉及野战炮兵、辎重兵之士官与下士。修战术科十一月，马术科十一月。有雨中马操场，入门处有一望楼，为校长及调查各员临观之所。平时或在此操练新马，谓必经年半者，乃能用以临阵云。午到附属之兽医学校，于马之卫生疗疾，研求甚精。凡骑兵科之士官下士，皆须入校讲习数

28,6,4

月，并取各国蹄铁之适用者令下士自制之，以为此皆修马术者所应知也。

初四日　到陆军大学校。此校宗旨在考取各兵科之大中少尉，讲求战史得失、战法权变及应御海军各机宜。为任参谋出定指挥之选。每年由各团分举数百人，考取甚严，得入校者五十人，期以三年卒业，仍回本科。验其所学之能否实施，决策之能否合用，然后量能授官，畀以重要职务。盖至是而后可谓为陆军之卒业生。干城腹心，于是焉在。 参观陆军大学

初五日　到军医学校。其旨以考验刀剑、子弹诸伤之疗治为重。与卫戍病院不同，而其讲究卫生，推求物理，亦不废也。午到陆军经理学校，其科目具法律、国际行政、作战、粮食给养、建筑物品、经理会计诸门。取各队初年之缝工靴工卒及不在海陆军预备及后备者，充工长候补生、各兵科特务曹长及曹长、一等计手，充军吏学生，一二等军吏及各兵科之大中少尉，充监督学生，专以经理粮饷及战备为事。其意以为军人者，舍身命，为国家，其任既专，其品既贵，不便再以繁杂琐碎之经理责之，于是别为专门，任人自择，且以位置不由士官进身之曹长军吏等官，其制如中国之善后局及粮台。凡军中之供给接济皆责焉。俾任将帅者，得以一意调度指挥，不复有忧困乏、觊刻扣之两弊。 参观军医学校及陆军经理学校

初六日　到步兵第一联队看操。

初七日　到骑兵第二联队看操。

初八日　大雨。是日原订到工兵大队，得参谋部电话，以雨辞。

初十日　到近卫野战炮兵联队看操。

附　陆军学校记

日本陆军学校记

寿按：日本陆军学校，自幼年而中央，准寻常中学五年，择其躯体年龄及格者，入联队为士官候补生，分习步兵、骑兵、野战、要塞、炮兵、工兵、辎重兵各科六个月；入士官学校一年，还联队，为见习士官，六个月以上为士官。凡军人之不由士官进身者，不能当陆军重任，只充下士及军吏等官，故人之视之也重。其由成城历学级五年者，与中央卒业各生同。而一则经考试而入队，一则不经考试而入队，为少异耳。为士官附队一年后，或入户山，或入炮工，或入骑马实施诸学校，考求战术及高等专门各学科。或一年，或二年，其间又通习别门为临时取替之用，择其尤者上之大学校。定期考试，至再至三。所得入校者，岁五十人，以三年卒业，至是乃得任以重要职务，为参谋及高等指挥官。层累井然，教亦可谓多术矣。而其精神所在，则尤以爱敬国家，敦尚廉耻，为教学之本原，故其待军人也纪律极严，礼貌极厚，以品行相督责，以名誉相羁縻。其所以鼓舞而激励之者，大之立靖国神社，以祀死难诸臣，春秋致祭，帝后亲临，凡属军人，皆来观礼；小之则一歌曲之微，一图画之细，莫不隐寓奖劝愧励之意于其中。故其民之及岁而为兵者，父母以为喜，

28,6,11

戚友以为贺，荣之以鼓乐，勉之以诗歌。以为此国民担任国家之义务宜然，岂复有以从军为苦者哉！虽然，兵凶战危，使仅以空名缛礼奖饰之，其黠者或且有所逃罪矣。必有前此种种之学校，以培养其资格，训练其技能，复有后此种种之仪文，以固结其心思，发扬其志气，相维相系，乃得此区区有进无退之军国民。然其意固非欲糜烂其民也，盖兵可百年不用，不可一日不备，古之人有恒言矣。而惟其备之之数日以多，备之之法日以密，备之之精神日以发舒而盈溢，而后不用之期限，乃能审慎持久，以驯至于百年。非竞争，无和平，即竞争，即和平，愈竞争，愈和平。其进取也，不战而屈人之兵；其保守也，不恃敌之不我攻，而恃我之不可攻，夫亦可谓善能守旧者矣。若夫步伐之止齐，服从之勤苦，其粗迹耳，无多述焉。 日本人不以从军为苦

十一日　到牛込区爱日小学校。学科具寻常、高等两级，男女生徒千馀人，人月输费二十钱，或十钱，且有优免者。其经费多于地方租税取给之，所谓义务教育是也。管理之法，琐细详明，表记甚多，又有家庭通信簿，以防儿童借辞废学及迟到早去诸弊。一年功课分三小期（四月至八月，八月至十二月，十二月至四月），每小期中，学童能无一日之间断，及其身体强壮，姿质挺拔者，各以小银牌奖励之，俾卒业时挂于衣襟，以为荣誉云。 参观爱日小学

十七日　到麹町区富士见小学校。此校规模最整，其程度与爱日略同。附属有幼稚园，凡三岁至五岁儿童入之。每保姆约数三十馀人。课程为说话行仪手技唱歌游戏 参观富士见小学

数门。手技种类甚多，皆以启发智识为主。唱歌时一保姆抚洋琴以为之倡，各保姆率群儿舞蹈于隅，应弦赴节，皆就其自然天趣，稍稍以礼乐品节之。每日仅三点钟课程，馀由保姆导至庭外游戏。一出一入，次序井然。养正之功，盖有得于女学为不少也。

附：义务教育记

义务教育

学校之设也，其宗旨在修明伦理，使爱国之念分印于人人心中。以德育为精神，以体育为作用，以智育为施行发达之原因。其意非亟亟为储才也，以为凡属国民，无不有担任国家之义务，苟听其自生自灭，自立自成，吾不过择其尤者而用之，则国之待民既不亲，民之报国亦不力。藉曰因材而笃，而民之拘于资禀，困于境遇者，吾乃不一为措置焉，是以教育为限制吾民之典章，而非以教育为普渡吾民之津筏也。审是则义务教育，乌容已乎？日本一岛国，变法仅三十年，学校如林，无一国民不受教育。其令曰：儿童自及六岁至十四岁，计八年谓之学龄；家有学龄儿童，则家长必使之就学于寻常小学校。彼未卒业，官决不许其废学。其立校也，准户口之盈虚，审路途之远近，或乡一置焉，或区一置焉，或一乡一区数置焉。学童之多者或千人，或数百人。其输费人二十钱，或十钱，且有优免者。费用不给，以地方租税补足之。其为之校长及教师者，皆曾受国家教育与其乡之人，或假此以验实施，或假此以尽义务。员多俸微，其教泽乃汪洋普遍于全国矣。然

28,6,20

犹惧其久而或懈也，官为察其课程，验其成绩，甚至学童身体之肥瘠，皆斤斤引以为教师功罪焉，主宰维持，至于卒业。于是而国家造就国民之事毕，国民崇报国家之事起矣。故其言曰：小学者非中学之预科也，国家所为以教其国民尽国家之义务也；中学者非大学之预科也，国民所借以得尺得寸，或扩充所学以备国家之任使，尽国民之义务也。交相尽则交相亲，交相亲则交相爱，其收效也。凡民之俊秀，既得充满其尊王爱国之心量，竭能尽知，以期补益于国家，即民之黠与愚者，亦莫不知顺逆，怀刑罚，举向日人人心中所受爱国之念，一以流露倾泻，各如其量以还之国家。无才不才皆得其用也，其知务何如哉？其食报何如哉？吾愿师日本者，毋泥其迹象，而求其精神哉！

参观警视厅

二十日　到警视厅。其总监适外出，各警视为言规制甚详。其宗旨在维持秩序，保护安宁，一以检查户籍为根柢。体制兼司法、行政两门，干涉甚多，权力甚重，而皆以和平手段出之。故法严而不苛，令行而不扰。其详细规则，具载警察法令类纂中。官房设种种表记，简易详明，务使人无旷官，时无废晷，上下联络，若网在纲。写字少，办事多，其得力全在于此。凡公署学校莫不然，而警视厅则事务尤繁，表记尤密。又有高等警察，伺查各党会动静，用意甚深。至军人则另设宪兵部稽查之，隶陆军省，不在警察势力范围之内。若警察遇非常急切之事，其抵御力或不足，则求请宪兵为援。盖一则重视军人，一则虑警察滥用权力，意甚善也。厅内有会议堂，为每月召集各分署长聚议之所，有电报房以通各分署。有彰功陈列所，凡巡察因公殒命，其服用各品，皆收列其中，并各摄肖像悬挂上方，以为后人感劝。计自开办以来，殁于公事者计二百馀人。附属有消防署，有一极高望楼，其救火技手及车马皆时时整备，计发号后五六分钟，即可整齐出署，可谓神速之至。消防器具，各国皆备，另陈一堂，以待参考。

桥区警察署之设置

二十一日　到日本桥区警察署。署设署长一，警部八，书记十五（三会计，三电报，馀庶务），高等警察六，刑事巡察八，营业视察八，卫生交通视察七，辖十五分派所，共巡察百五十名。又有民间请愿所十三，计巡察五十名（如银行请其保护之类），每分派所分甲乙两部，以八时巡察，八时见张（译如守望），八时休息。其监督补每日夜巡视分派所三次，警视两次，到处皆捺印图章，由署长随时调阅。每七日轮调各巡察训示一次，每一月轮调各所长会议一次，讲习法规一次。其所之疏密，人之多少，一以地方繁僻为衡（东京各区以浅草为最繁，日本桥次之）。以平均约计，合中国半里设一所，管户六百至千数百不等。凡民间诉讼，或以笔，或以口，由司受付者应付之。其署长座位，去受付不远，故无壅蔽之患，有密事则另派一人至室内与谈。署中有监房数间，凡轻罪及裁判未定，与迷失道途之人，俱在此拘留，小事则署长自断之，送监狱时则系以手锁，盖恐其中途逃逸也。又拾遗须送存署中，俟失主来报时，问明数目及形式检还之，并视

28,6,24

其价值，酌酬拾得者以十分之几。其附属有消防署，与警视厅大致相同。其各所皆有表记，每日将所办各事，逐一注明，署中即据以为报告及赏罚也。

二十四日　到东京府署。见其知事男爵千家尊福，导观各官房及内务、殖民、土木、会计四部（各部所系细目极多，具详职员录中，未及备载）。其制与外府县同，不过裁判、警察、监狱，另有专司，以都会事繁，非一府所能专属。其视学则专管府立市立各学校，与文部之专管官立者不同。中有议堂两间，为召集市长及参事聚议之所。所收地方租税，皆存储银行。府中会计课，不过详记数目，其支出时用三联票，一交本人自赴银行领收，一送银行合符，一留府署存查。既可流通，又省有司之繁费，他署会计课皆然。凡官费所需，先由内阁预算，年终将支出款目簿籍，送会计检察院覆核之。经营度支，可谓详密无间。又府中附属东京市役所，亦分内局及总务、土木、水道、会计数门。凡民间所用之度量衡，须送府检查烙印后方准出售。其检查须少出印税，但三四日即烙印发还。既无稽时，又有严罚，故民间皆乐于送检。如是官府乃利权两得矣。 参观东京府署

二十六日　到巢鸭监狱署。其狱囚皆日有工作，如织布、编竹、锻冶、裁缝、土木各门，皆视其旧日所业，量为分派。工资所入，分别罪名轻重，酌提十分之几，为之存储生息，俾出狱时得以少有资本，不再为非。又有讲堂二所，延僧人为教习，为讲修行忏悔，兼及写字读书。其 参观巢鸭监狱

旧日无业者，则令之灌园治庖，以及挑水涤厕诸事。有重（读如不重伤之重）犯者，则另置黑暗监房，减其食，以七日为率。诸囚晚归监房，约五六人共住一间。门外悬一横木小牌，下记号数，上书姓名，上半以活板覆之，非典狱官不能揭示，盖以存其廉耻，冀得改过自新，罪满后交保释出。若依托无人，仍令在狱三月，随同听讲，察其果能改悔，然后放出谋生。囚犯皆服赭衣，此种则改服蓝衣，以为区别。狱分五道，建楼三层，就中设一高座，俾看守者得以四面了望。又有浴堂病室（初到恐有传染之症，先置室中五日，然后移监），体恤颇周。骤观如一大工厂，凡外人入视者，其看守长以口号令之行礼，意颇调良。闻皆仿欧美各国之制。平居并无锁线，固由警察得力。其典狱逐年比较，囚犯皆有减无增，亦其义务教育普遍国中之明效也。

文部省之设置

二十七日　到文部省。见其总务长官冈田良平，令参议官松村茂助导观各处。其制分总务局、专门学务局、普通学务局、实业学务局四门，而总务局中，又分人事（如官吏教员之进退及教员免许所关之事）、文书（如分别受付之类）、图书（如编纂及检查）、会计、建筑、卫生六课，此外复有参事秘书（如与外人订立合同所关之事）、书记、视学等官，各有专司，故事繁而易理。其大臣恒随内阁而易，庶务多取决于总务长官；视学五人，所隶学校极多，势难遍往调查，不过总揽报告，或闻有办理未尽合法者，乃一往审视之，深得执简驭繁之意。

二十九日　到养育院。院中收养高年废疾、迷儿、弃儿，就中设小学堂一。依文部省所定法规，复有厅事数楹，令幼儿习礼行仪，迭为宾主。以此辈幼失怙恃，设此以补家庭教育之穷。稍长教之工艺。盲哑者教以音乐、按摩，学成后，或令出谋生，或令充教习，均听各人自愿。其经费由国家及各富人捐助，现时已得资本金三十万馀，每年息金，足敷校中经费。高年者或造花织履，烹饪裁缝，精力稍充，断不令其坐食。吾国养老恤孤各院，似宜规仿行之。 28,6,29 教育院

七月初一日　到织绒局。局隶陆军省，其制造专供军中衣被，羊毛多自中国运来。纺线织绒机器，与织布略同，惟织成后须收缩紧凑。又另用刷毛机器，剔其氄毛，每年沽本，须七十万金。通国海陆军所用衣裤及毡毯，为数颇多，专设此局，亦收回利权之一道。午到造纸局，凡官司所用纸张，皆取给于此。另有密室，专造钞票透光字记，业此者皆誓不外泄，外人亦不令往观。其代吾国所印银元钱票，皆此局所制云。 织绒局

初二日　到教育博物馆。馆在高等师范学校左邻，中为大成殿，祀先师孔子，两厢皆陈列教育应用器具，自幼稚园恩物，以及各种图画与声光电化仪器，并各国学校所用桌椅暨制造诸品，以备有心教育者参考取资。内有暹罗附寄大学校缩小模形一具，规模宏整。闻暹罗教育发达最早，今则渐就陵迟。国势强弱之分，大半视教育普及与否为比例，可惧可念也。 教育博物馆

私立女子职业学校

初三日　到私立女子职业学校，见造花、编物、图画、刺绣、裁缝、烹饪数门。此校为富人集资共立，所用物料，取给校中，制成发售，除还资本经费及教员俸金外，馀利悉与生徒。在东京者凡四区，其皇后亦每岁出金奖励，故贫家女子，自小学卒业后多入之。明年以大坂赛会，刺绣图画各课甚忙。余购所制樱花二枝，艳丽如生。吾国如仿设此校，工作精进，当有过之无不及也。

高等商业学校

八月十五日　到高等商业学校。校本明治八年私立之讲习所，十八年改称今名。原归农商务省，兹则改隶文部，其旨以养成商会银行主任，及考察各国商务，备充外国领事之才。其学有预科、本科、专攻科，预科目十一，本科目十九，专攻科目九，其尤重在商家道德一科，以明此则可谋公利以保其私利，此学校之所以必先普通也。生徒岁纳束修二十元、二十五元不等。有家贫劬学者，并可由校借给资费，任事后缴还之。校有商业实践，室中设各座，若为某国某某埠也者。又以纸绘其货物之形，往来转运。凡成本水脚行费各用款，皆以假纸币、假金钱交易之，一一详载簿籍。生徒卒业先数月，每七日在此演习八小时。有商品陈列所，取各国商品，罗列一堂，以第其良窳。察其嗜好，如吾国之绸缎锦绣皆置焉，惜磁器、漆器两种，所收非吾国上品耳。

高等工业学校

十七日　到高等工业学校。此校明治十四年创设，初名职工，至二十三年乃更今名。官立者惟大坂、东京两处，其馀私立者甚多，程度较大学工科少低，盖亟亟以培

28,8,17

植工师技师之选也。科目曰应用化学，曰机械，曰电气，曰染织，曰窑业，曰工业图案。其学生之优者，暑假时给发旅费，令赴工业繁盛处所考察报告，卒业后或为各局工业技师，或为学校教习。中国学生在此肄业者六人。校中经费，每年七万馀元。各种仪器约值八万数千元，以天雨未得卒观。其校长言工艺之良窳主，固与商业为表里，而国民智慧之进退，国势竞争之优劣，率以此为比例差；且实业学校，收效即在目前，人易信从，初变法时，不可不多设以为先导云。附属有徒弟职工学校，专为养成艺徒，一研其理，一习其事，二者不可偏废也。

十八日　到东京府第一中学校。其校长胜浦鞆雄，颇热心中国教育，闻为吴挚甫京卿拟中学课程表二纸，颇为详尽。

附：普通教育记

天下者一人之所积也，天下之公理何在，曰惟其是而已；一人之公理何在，曰惟其应而已。何以知其是不是？应不应？曰教，学一事也。宜于古而不宜于今，宜于今而不宜于后。则就现在以统未来，因时以制宜，反经以合道，此其意人知之，一事也；利于甲而不利于乙，利于乙而不利于丙，则去少数以就多数，通工以易事，敬业以乐群，此其意人或未之知也，则普通尚矣。虽然，无姆教以肇其端，无小学以经其始，骤语之曰普通普通，是登高者不必经初级，致远者不必积跬步，吾以知其必不能也。然 普通教育居今之世，无变今之俗，微论女学不易兴，而户口之不清，财用之不足、盗贼奸宄之不靖，恐所谓小学云者，亦不过培植一二窭人子，与附郭二三等以下之人之子弟而已。为急则则治标之法则何如，不问其自来，不问其所往，一惟以普通教之，则必先去普通之障，而徐以立普通之基，充普通之量而已。所谓普通之障者何也？曰科举也。科举与凡学校反对者也，而必归之于普通何也？以其太不普，太不通也。不普则不是，不通则不应也。科举之制不一端，曰制策，犹有经世之用焉，然能言者，未必能行也；曰诗赋，曰八股，则上以是愚其下，师以是愚其徒，为锁国主义者，或少少利用之，而今非其时矣。今世之所重者在竞争，而科举则似竞争而徼天幸，所趋者在利益，而科举则私利益以枉人材。空谈则优，致用则绌，成事则不足，偾事则有馀。其不普不通之结果，固如是也。难者曰：徼幸不可存。固足以激发其志气，保全其廉耻矣。若利益不可私，得毋与竞争之意相矛盾乎？则应之曰：利益之公私有大小之分，而尤有内外之分也。以一人一业言，私矣，使明于通力合作之故，则不得不公其利益之几分，以互相援系，相得乃益彰也。以两人两业言，私矣，使明于酌盈剂虚之故，则不得不让其利益之几分，以交相浥注，为用乃不穷也。彼习科举业者，得一良师，则以为不传之秘矣；据一蓝本，则以为独得之奇矣。其上者爬拾奇零，铺陈僻奥，则以为博闻强记，为我独尊矣；其能抉圣贤之心，通国家之故者谁与？天下者一人之所积

普通之障曰科举

诗赋八股上愚其下师愚其徒

28,8,22

也。由前之说，则人人皆出其私利益，以成其公利益，且出其公利益，以求扩充其私利益，其竞争也，其张王也，合内以谋外也；由后之说，则人人各顾其私利益，以害其公利益，因害其公利益，遂并丧失其私利益，其灭亡也，其涣散也，因小而失大也。必也，停科举，修普通。普通之教，非一师所得专也。普通之书，非一家之所得秘也；普通之学，非以博闻强记为贵，而以立人达人为归也。立人达人不易言，而即此不敢自专、不敢自秘之心，用以兴小学而有馀，用以造大学而亦无不足也。所谓立其基充其量者此也，此国民教育之枢纽也。欲强大吾国，以立于生存竞争之世者，其亦于普通加之意乎？ 停科举修普通

二十二日　到第一高等学校，阅动植物室、地质矿物室、化学室、定量分析室、定性分析室（二室为化分时较分量考本质之用）、测量机械室、图画机械室及讲堂教室、藏书室、寄宿舍各处。教科程度，专重试验实施，为入大学预科，然亦不必尽人皆入，以所学多为专门，卒业后或应用，或求深，悉视各人志向境遇而别。其校长言：此校虽要，然在学制不甚全备之时，大学与高等，不妨用一缓一。以人民尚无骤入大学之资格，名为大学，实则高等，必待智慧技能进而愈上，乃可判别深浅，使之历级而升。其意与现在兴学注重大学堂不同，然实可以备采择。 参观第一高等学校

二十四日　到东京府公立师范学校。校中经费，取给于地方租税，故谓之公立，其宗旨专以养成各小学校教员。凡学生衣食各费，均由校中发给，卒业后须充教员习 参观公立师范学校

十年，五年由学校指派，五年听本人自择，期满乃得别营他业，盖亦报本返始之义务宜然也。课程分普通、专门两科。普通为修身教育、国语、汉文、历史、地理、数学、物理、化学、博物、习字、画图、音乐、体操，专门为农业、手工、英语。听学生于三者自择其一。又有简易科，两年毕业，但不得充高等学校教员，故人之愿入此科者甚少。另有讲习科，备寻常小学校男女教员来此讲习切磋。立法颇为周密。其校舍建筑，据言于卫生极为讲求，为东京现在各校之冠。其校长并以一图见赠。校中有手工实习场一，农业实习场一，馀则博物标本室、化学实验室及教室寄宿舍，与他校略同，不过规模宏厂耳。

参观高等师范学校

二十五日　到高等师范学校。其教科规则与师范学校略同，惟程度少高。凡学生卒业先期之三月，必到附属中学校充当教员，以为实施教授地步。别有研究科、专修科、选科三门，为专为精，悉听有志者之自择。吾国现有四生在此旁听，有苏生维翰者，家最贫，借译书所得充学费，勤苦好学，尤留意于音乐唱歌，以此事于教育颇有关系，且足补中国之阙，盖有心人也。

女子高等师范学校

二十六日　到女子高等师范学校。校长高岭秀夫，为彼邦教育泰斗。教科与男子高等师范略同，惟加家事、裁缝、烹饪数门，其理化学，则偏重日用，较男子程度少低。与谈女学，语多精到。盖德育、智育、体育三言，已成为世界教育通理，惟智慧渐以增多，恐道德即渐以减少。其中维系，强半得力于贤母良妻，故女学实为德育根

28,8,28

本。且女子亦习体操，于生育强健男儿，颇为有益。

二十八日　到大学。其文科法科皆空文，无可观览。阅工科理科各教室，见应用仪器标本，以程度太高，知其贵莫名其宝。如游教育博育馆一周，中有人事一门，凡上古之陶棺石斧，以及近今各国服装器用，一一罗致，足为考古证今之一助云。 文科法科皆空文

二十九日　到医科大学，见解剖一孕妇，血肉狼藉，惨不忍观。其医师对余言曰：解剖已死，而可活未死。解剖一人，而可活众生。故文明各国，虽明知此事残忍，而所见甚大，所求甚精，故亦相沿成风，不以为怪。日后透骨电光之理日益发明，则解剖即可不用。校中附属有病院，分产科、儿科、耳目鼻科、霉菌科，皆以备学生实施。有手技室，列座数层，层递而上，凡病人须用刀针者，在此疗治，俾学生得以俯视详记，犹理化教室之有阶级讲堂。不过人数既众，层级加高，制颇适也。 医科大学解剖孕妇

九月初一日　到农科大学，见化验土宜。近以足泽山有铜矿，其水颇害禾稼，故考求补救之法，颇为详明。阅养蚕室、养虫室、兽医室、畜牧场与林木试种场。其校长意颇殷勤，言农业森林，实为富国之母。吾国学生数人，于讲求物理试验尚肯用心，惟为农为圃，未能尽力。盖习惯娇惰，且未深明此中关系。海外游学，能致力人弃我取之绝学，已为难得，此可宽也。 农科大学化验土宜

初二日　到学习院。此院与华族女学校，皆隶宫内省，盖专教华族子弟。学分初等、中等、高等、大学四 学习院

科。见王子二人，肄习兵操，一与师团无异。其校长近卫公爵笃麿，为同文会会长，南皮宫保之长孙公子，旧即在此肄业。谈及往事，各教员皆惋惜不置。

华族女校

初三日　到华族女学校。其舍监下田歌子为女学校宗，且极关怀中国女学。导观小学、中学、高等各教室及幼稚园、烹饪室、体操场。见学生游戏及穿花歌舞，下田谓华族女子率少勤动，故体操尤为注意。然彼国论者尚以学习院与此校专教华族子女，不能与平民同甘苦为讥也。

双寿东瀛小识

人名索引

走向世界丛书一百种

初编三十五种以＊标出

谢清高 **海录**
＊ 容　闳 **西学东渐记**
＊ 林　鍼 **西海纪游草**
＊ 罗　森 **日本日记**
＊ 斌　椿 **乘槎笔记**
＊ 张德彝 **航海述奇**
＊ 王　韬 **漫游随录**
＊ 志　刚 **初使泰西记**
＊ 张德彝 **再述奇**（欧美环游记）
＊ 张德彝 **三述奇**（随使法国记）
王　芝 **海客日谈**
＊ 祁兆熙 **游美洲日记**
＊ 李　圭 **环游地球新录**
＊ 郭嵩焘 **伦敦与巴黎日记**
＊ 张德彝 **四述奇**（随使英俄记）
＊ 黎庶昌 **西洋杂志**
＊ 刘锡鸿 **英轺私记**
李凤苞 **使德日记**
钱德培 **欧游随笔**
＊ 何如璋 **使东述略及杂咏**
＊ 张斯桂 **使东诗录**
黄遵宪 **日本国志**
＊ 黄遵宪 **日本杂事诗**〔广注〕
陈兰彬 **使美纪略**
＊ 曾纪泽 **出使英法俄国日记**
＊ 王　韬 **扶桑游记**
＊ 徐建寅 **欧游杂录**
谭乾初 **古巴杂记**
王之春 **谈瀛录**
＊ 李筱圃 **日本纪游**
池仲佑 **西行日记**
蔡　钧 **出洋琐记**
袁祖志 **瀛海采问纪实**
张祖翼 **伦敦竹枝词**
王以宣 **法京纪事诗**
潘飞声 **西海纪行卷**
潘飞声 **柏林竹枝词**
潘飞声 **天外归槎录**
张荫桓 **三洲日记**
邹代钧 **西征纪程**
王咏霓 **道西斋日记**
张元济 **环游谈荟**
余思诒 **楼船日记**
缪祐孙 **俄游汇编**
张德彝 **五述奇**
＊ 傅云龙 **游历日本图经馀记**
傅云龙 **游历美加等国图经馀记**
洪　勋 **游历闻见录**
崔国因 **出使美日秘国日记**
＊ 薛福成 **出使英法义比四国日记**
＊ 薛福成 **出使日记续刻**
陈道华 **日京竹枝词**

严　修 东游日记
姚鹏图 扶桑百八吟
凤　凌 游馀仅志
* 黄庆澄 东游日记
吴宗濂 随轺笔记
宋育仁 泰西各国采风记
王之春 使俄草
伍廷芳 美国视察记
* 蔡尔康等 李鸿章历聘欧美记
张德彝 六述奇
刘学询 考察商务日记
黄　璟 考察农务日记
罗振玉 扶桑两月记
罗振玉 扶桑再游记
丁鸿臣 东瀛阅操日记
沈翊清 东游日记
* 梁启超 新大陆游记
张德彝 八述奇
载　振 英轺日记
吴汝纶 东游丛录
双　寿 东瀛小识
缪荃孙 日游汇编
周学熙 东游日记
* 单士厘 癸卯旅行记
凌文渊 籥盦东游日记
张　謇 癸卯东游日记
蒋　煦 西游日记
王景禧 日游笔记
陈　琪 环游日记
* 康有为 意大利游记
康有为 德意志等国游记
康有为 英国游记
* 康有为 法兰西游记
韩国钧 实业界之九十日
李濬之 东隅琐记
盛宣怀 愚斋东游日记
* 戴鸿慈 出使九国日记
金　鼎 随同考察政治笔记
* 载　泽 考察政治日记
程　淯 丙午日本游记
康有为 西班牙等国游记
杨泰阶 东游日记
文　恺 东游日记
左湘钟 东游日记
吕珮芬 东瀛参观学校记
* 林汝耀 苏格兰游学指南
* 单士厘 归潜记
金绍城 十八国游记
附 艾儒略 职方外纪
附 南怀仁 坤舆图说
附 丁韪良 西学考略
附 艾约瑟 西学启蒙

图书在版编目(CIP)数据

日游汇编/(清)缪荃孙著. 日游笔记/(清)王景禧著. 东瀛小识/(清)双寿著. —长沙:岳麓书社,2016.9

(走向世界丛书/钟叔河主编)

ISBN 978-7-5538-0664-8

Ⅰ.①日...②日...③东... Ⅱ.①缪...②王...③双...

Ⅲ.①教育史—史料—日本—近代②军事史—史料—日本—近代

Ⅳ.①G531.394②E313.9

中国版本图书馆 CIP 数据核字(2016)第 189632 号

RIYOU HUIBIAN RIYOU BIJI DONGYING XIAOSHI

日游汇编·日游笔记·东瀛小识

作　　者:缪荃孙　王景禧　双　寿

校 点 者:赖某深

责任编辑:杨云辉

责任校对:舒　舍

封面设计:吴颖辉　贺红梅

岳麓书社出版发行

地址:湖南省长沙市爱民路 47 号

直销电话:0731—88804152　88885616

邮编:410006

岳麓书社网址:www.yueluhistory.com

2016 年 9 月第 1 版第 1 次印刷

开本:890×1240　1/32

印张:6.25

字数:139 千字

印数:1—3 000

ISBN 978-7-5538-0664-8

定价:35.00 元

承印:长沙超峰印刷有限公司

如有印装质量问题,请与本社印务部联系

电话:0731—88884129